THE PRESENT MOMENT

Anri Sala

THE PRESENT MOMENT

VERLAG DER BUCHHANDLUNG
WALTHER KÖNIG, KÖLN

Geleitwort

Das Haus der Kunst zählt zu den international führenden Ausstellungshäusern für zeitgenössische Kunst. Ein visionäres Ausstellungsprogramm, eine ausdrucksstarke Architektur und eine bewegte, wenngleich nicht unproblematische Historie machen das Haus weltweit zu etwas ganz Besonderem.

Seit 60 Jahren unterstützen die Freunde Haus der Kunst ideell und finanziell das Haus – seit 1992 als Mitgesellschafter der Stiftung Haus der Kunst. Ermöglicht wird die finanzielle Förderung durch die Mitglieder mit ihren Mitgliedsbeiträgen und Spenden. Neben Zuschüssen zum laufenden Ausstellungsprogramm fördern die Freunde ausgewählte Einzelprojekte und innovative Formate.

Zu diesen innovativen Formaten zählt das Projekt DER ÖFFENTLICHKEIT – VON DEN FREUNDEN HAUS DER KUNST, das 2012 ins Leben gerufen wurde. Dabei handelt es sich um eine Serie von Auftragsarbeiten, die speziell für die Mittelhalle im Haus der Kunst, die Galerie der Freunde, entwickelt werden. Internationale Künstler werden eingeladen, Kunstwerke zu konzipieren und umzusetzen. Die für diesen Raum geschaffenen Arbeiten werden jeweils für elf Monate präsentiert und sind den Besuchern des Hauses zu den Öffnungszeiten frei zugänglich.

Für die dritte Ausgabe der jährlichen Auftragsarbeit konnte der international renommierte Künstler Anri Sala (*1974 in Tirana, Albanien) gewonnen werden. Wir freuen uns sehr, dass Anri Sala die Herausforderung angenommen und die Sound- und Videoinstallation *The Present Moment* für die Galerie der Freunde geschaffen hat.

Ein Kunstprojekt zu fördern, das in seiner Einzigartigkeit neue Impulse setzt und ein weiteres Mal die führende Position des Haus der Kunst für die zeitgenössische Kunst veranschaulicht, macht uns sehr stolz.

Unser Dank gilt allen, die an der Umsetzung dieses Projekts beteiligt waren und es ermöglicht haben, dieses außergewöhnliche Kunstwerk zu realisieren. Ein ganz besonderer Dank gilt Anri Sala und dem Team Haus der Kunst, allen voran dem Direktor Okwui Enwezor und der Kuratorin Patrizia Dander.

Wir sind sicher, dass die Arbeit *The Present Moment* von Anri Sala die Beachtung einer breiten Öffentlichkeit erfährt, und wir freuen uns bereits jetzt auf die Fortsetzung des Projekts DER ÖFFENTLICHKEIT – VON DEN FREUNDEN HAUS DER KUNST.

DR. WOLFGANG HEUBISCH
VORSITZENDER FREUNDE HAUS DER KUNST

Preface

Haus der Kunst is among the leading international institutions for contemporary art. A visionary exhibition program, striking architecture, and a checkered, albeit troubled, history make the museum stand out in the global arena as a very special venue.

The Friends of Haus der Kunst have promoted the museum's aims and provided financial sponsorship for sixty years now—since 1992 as partners in the Stiftung Haus der Kunst. This financial assistance is possible thanks to the members' donations and membership fees. In addition to funding for the ongoing exhibition program, the Friends support a selection of individual projects and innovative formats.

The project DER ÖFFENTLICHKEIT – VON DEN FREUNDEN HAUS DER KUNST [To the Public—From the Friends of Haus der Kunst], initiated in 2012, numbers among these innovative formats. It encompasses a series of commissioned works developed specifically for the Middle Hall at Haus der Kunst, the Gallery of the Friends. International artists are invited to conceive and realize artworks here. Each of the works created for this space is presented for eleven months and is freely accessible during opening hours to everyone who visits the building.

Internationally renowned artist Anri Sala (*1974 in Tirana, Albania) has agreed to join the project for the third round of this annual commission. We are delighted that Anri Sala has taken up this challenge and has created the sound and video installation *The Present Moment* for the Gallery of the Friends.

We feel very proud to be supporting such a unique art project, which opens up new horizons and once again highlights Haus der Kunst's key position in the world of contemporary art.

Our thanks go to everyone who has been involved in implementing this project and has enabled this extraordinary artwork to become a reality. I would like to express particular thanks to Anri Sala and the Haus der Kunst team, first and foremost Haus der Kunst director Okwui Enwezor and curator Patrizia Dander.

We are convinced that Anri Sala's *The Present Moment* will attract keen attention from a broad audience, and we are already looking forward to continuing with the next chapters in the project DER ÖFFENTLICHKEIT – VON DEN FREUNDEN HAUS DER KUNST.

DR. WOLFGANG HEUBISCH
CHAIRMAN OF FRIENDS OF HAUS DER KUNST

Vorwort

OKWUI ENWEZOR

Anri Salas Installation *The Present Moment* ist die dritte in einer Reihe von
Auftragsarbeiten, die das Haus der Kunst im Jahr 2012 mit Unterstützung
der Gesellschaft der Freunde Haus der Kunst ins Leben gerufen hat.
DER ÖFFENTLICHKEIT – VON DEN FREUNDEN HAUS DER KUNST, das
Programm, für das Anri Sala seine einnehmende Sound- und Video-
installation entwickelt hat, ist zu verstehen als das räumliche und konzeptuelle
Herzstück unseres Anliegens, zeitgenössische Kunstwerke höchsten Niveaus
von einigen der bedeutendsten Künstler unserer Zeit zu initiieren und
Wirklichkeit werden zu lassen. DER ÖFFENTLICHKEIT – VON DEN FREUNDEN
HAUS DER KUNST markiert den grundsätzlichen Ansatz des Haus der Kunst,
mit den Künstlern einen Dialog über die Beziehung von Kunst und dem
Museum als Ort öffentlicher Kulturproduktion zu führen. Der Schauplatz,
der im Zentrum dieses Unterfangens steht, ist die Mittelhalle. Sie ist mehr
als ein transitorischer Ort zwischen verschiedenen Räumen und Bereichen
des Gebäudes, denn sie ist als öffentliche Plaza bestimmt, als Ort, an dem
das Publikum die Möglichkeit erhält, in die Programmatik des Haus der
Kunst mit seiner konsequenten Ausrichtung auf die zeitgenössische Kunst
einzutauchen und sie physisch und intellektuell zu erforschen.

Mit dem Ziel, neue Ideen anzustoßen und neue Arbeiten zu präsentieren,
richtet sich die Einladung, eine Installation für DER ÖFFENTLICHKEIT – VON
DEN FREUNDEN HAUS DER KUNST zu entwickeln, an eine Generation von
Künstlerinnen und Künstlern, die in ihrem Schaffen und ihrer Karriere
bereits eine klare und unverwechselbare Stimme demonstriert und ihre
Bedeutung für den Kunstdiskurs unserer Zeit unter Beweis gestellt haben.
Diese wichtigen Positionen an prominenter Stelle innerhalb des Hauses zu
würdigen, ist eines der Ziele von DER ÖFFENTLICHKEIT – VON DEN FREUNDEN
HAUS DER KUNST. 2012 wurde die Projektreihe mit einer raumgreifenden, aus
verschiedenfarbigen Jalousien bestehenden Installation der südkoreanischen
Künstlerin Haegue Yang eingeläutet. Sie machte nicht nur die überwältigende
Architektur der Mittelhalle in voller Höhe sichtbar, sondern verdeutlichte
mit ihrem Spiel von Transparenz und Verbergen auch den Kontrast von
Öffentlichkeit und Privatheit im institutionellen Kontext. Im Jahr 2013 folgte
ein ebenso skulpturales wie architektonisches Projekt von Manfred Pernice,
einem Bildhauer, dessen Werk von der physischen Erkundung räumlicher
Gegebenheiten lebt. Er fügte in die Mittelhalle eine Empore ein, die die
ideologisch bedingte Monumentalität der Räume direkt erfahrbar machte.
Mit seiner darunter platzierten und leicht aus der Mitte verschobenen

Arbeit *Tutti IV* führte er eine Schwerpunktverlagerung ein, eine subtile Unterminierung der Zentralität der Mittelhalle und somit des architektonischen Erbes des Nationalsozialismus.

Der 1974 in Albanien geborene Anri Sala hat mit *The Present Moment* nun erstmals eine nicht-bildhauerische Arbeit für DER ÖFFENTLICHKEIT – VON DEN FREUNDEN HAUS DER KUNST vorgeschlagen: Eine komplexe Sound- und Videoinstallation, die die Mittelhalle auf ebenso ephemere wie wohldurchdachte Weise einhüllt. Sala hat ausgehend von Arnold Schönbergs Streichsextett *Verklärte Nacht* (op. 4) eine Choreografie von Klängen entwickelt, die die Grundstruktur der Komposition Schritt für Schritt freilegen und den Besucher auf eine Reise durch den Raum und die Zeit mitnehmen. Die feinsinnige Auseinandersetzung mit der Frage von Öffentlichkeit – Sala hat sich in bewusstem Kontrast zur Monumentalität der Architektur für das intime Format einer Kammermusik-Komposition entschieden – ist typisch für seine Arbeitsweise, die sich durch eine detaillierte Analyse von Realität auszeichnet. Die impliziten Konnotationen der Auftragsarbeit auf so subtile wie präzise Art anzusprechen, zeichnet Salas Werk aus – und zeigt die Fruchtbarkeit der künstlerischen Auseinandersetzung mit dem räumlichen und historischen Zusammenhang auf, den DER ÖFFENTLICHKEIT – VON DEN FREUNDEN HAUS DER KUNST bietet.

Unser herzlichster Dank gilt daher den Freunden Haus der Kunst, die DER ÖFFENTLICHKEIT – VON DEN FREUNDEN HAUS DER KUNST überhaupt erst ermöglicht haben. Mit ihrer auf mehrere Jahre zugesicherten Finanzierung dieser Reihe haben sie einmal mehr ihre Überzeugung von der Bedeutung zeitgenössischer Kunst bewiesen. Wir danken ihnen sehr, dass sie uns erlauben, diese Begeisterung mit einem großen Publikum zu teilen.

Weiterhin sind wir den Galerien des Künstlers – Galerie Chantal Crousel, Marian Goodman Gallery und Hauser & Wirth – zu besonderem Dank verpflichtet. Mit ihrer zusätzlichen großzügigen Unterstützung haben sie uns ermöglicht, ein so ambitioniertes Projekt zu realisieren. Nicht zuletzt dadurch wird *The Present Moment* auch über die Präsentation im Haus der Kunst hinaus eine nachhaltige Präsenz beschieden sein.

Das Münchener Kammerorchester war ein kongenialer Partner bei der Umsetzung der Installation. Alexander Liebreich, künstlerischer Leiter, und Florian Ganslmeier, geschäftsführender Direktor, waren von Anfang an von Anri Salas Vorhaben begeistert und haben alles in ihrer Macht Stehende getan, um die Arbeit in der Kürze der Zeit zu realisieren. Wir danken ihnen für die wunderbare Zusammenarbeit. Besonders danken wir auch den Musikerinnen und Musikern, die Anri Salas Vision Realität werden ließen: Peter Bachmann, Daniel Giglberger, Kelvin Hawthorne, Bridget MacRae, Max Peter Meis und Nancy Sullivan. Sie waren weit mehr als nur hervorragende Instrumentalisten und Ausführende; mit ihrem tiefen musikalischen Verständnis und ihrem

Interesse für das Projekt haben sie dessen finale Form maßgeblich mitgestaltet. Weiterhin sei Anselm Cybinski, Bernhard Jestl und Robert F. Schneider für ihre Mithilfe gedankt. Auch dem gesamten Produktionsteam unter der Leitung von Sylvie Barthet und Liria Begeja wollen wir unsere Anerkennung und unseren Dank aussprechen.

Olivier Goinard, Sounddesigner und auf diesem Gebiet langjähriger Partner von Anri Sala, hat dafür gesorgt, dass *The Present Moment* allen akustischen Widrigkeiten zum Trotz in voller Klarheit bei uns erklingen kann. Dies ist angesichts der Monumentalität unserer Mittelhalle eine große Herausforderung, und wir freuen uns sehr, dass dies so gut gelingen konnte. Meyer Sound hat uns bei der technischen Realisierung unterstützt. Tim Wolff hat alle Facetten der technischen Realisierung akribisch vorbereitet und mit Hilfe von Moritz Friedrich umgesetzt. Weiterhin danken wir der Ausstellungsorganisation, allen voran Tina Köhler und Cassandre Schmid, die wie immer zur Stelle waren, wenn Hilfe benötigt wurde. Unser Dank für ihre Unterstützung gilt auch Anton Köttl, Glenn Rossiter und dem Technikteam.

Der Katalog veranschaulicht die vielen Facetten des Projekts. Wir danken Patrizia Dander als Herausgeberin der Publikation und als Autorin des kontextualisierenden Essays. Weiterhin danken wir Peter Szendy für seinen Beitrag, der einen detaillierten Einblick in die unterschiedlichen Aspekte von Anri Salas Installation *The Present Moment* ermöglicht.

Unser herzlicher Dank und unsere Anerkennung gelten Patrizia Dander auch insbesondere dafür, dass sie in enger Zusammenarbeit mit Anri Sala die Entwicklung und Realisierung des Projekts begleitete. Dieses hat sie als Kuratorin der Ausstellung in all seinen Stadien mit Leidenschaft begleitet. Ihr scharfer Blick für das Detail, ihr feines Gespür für den Raum und ihre beispielhafte Sorgfalt beim Zusammenfügen der Teile eines komplexen Puzzles haben dafür gesorgt, dass die Arbeit mit gebotener Sorgfalt und Präzision installiert wurde. Für diesen Einsatz danken wir ihr von Herzen.

Zum Schluss möchten wir Anri Sala danken, der das Haus der Kunst mit dieser atemberaubenden und vielschichtigen Installation bereichert hat. Mit unermüdlichem Enthusiasmus hat er die aufwendige Produktion und ihre noch komplexere Realisierung in den akustisch höchst diffizilen Räumen des Haus der Kunst vorangetrieben. Wir sind ihm für seine Vision zu tiefem Dank verpflichtet und freuen uns darauf, *The Present Moment* im Laufe dieses Jahres, in dem es die Mittelhalle des Gebäudes mit seinen Klängen erfüllen wird, in all seinen Nuancen kennenzulernen.

Foreword

OKWUI ENWEZOR

Anri Sala's installation *The Present Moment* is the third in a series of
commissioned works launched by Haus der Kunst in 2012 with support
from the Gesellschaft der Freunde Haus der Kunst. DER ÖFFENTLICHKEIT –
VON DEN FREUNDEN HAUS DER KUNST, the commissioning program from
which Sala's engaging new video and sound installation developed, can
be viewed as the spatial and conceptual heart of the institution's ongoing
commitment to initiating and realizing outstanding contemporary
artworks by some of the most critically acclaimed artists working today.
DER ÖFFENTLICHKEIT – VON DEN FREUNDEN HAUS DER KUNST signals
Haus der Kunst's programmatic approach in developing dialogues with
artists on the relationship between art and the museum as a space of
public culture. The space at the center of this endeavor is the Middle Hall.
More than a transitional space between different spaces and sections of
the building, the Middle Hall is defined as a public plaza, a locus where
the public enjoys an opportunity to plunge into the Haus der Kunst's
programming with its unwavering engagement with contemporary art,
exploring it both physically and intellectually.

With the aim of generating new ideas and inaugurating new works,
the invitation to develop an installation for DER ÖFFENTLICHKEIT –
VON DEN FREUNDEN HAUS DER KUNST is addressed to a generation of
artists who have already manifested, in their practice and career, a clear,
unmistakable voice and demonstrated their significance for current art
discourse. One of the goals of DER ÖFFENTLICHKEIT – VON DEN FREUNDEN
HAUS DER KUNST is to recognize these important artistic positions, giving
them a prominent place within the museum. The project series was
launched in 2012 with a large-scale installation by South Korean artist
Haegue Yang, which was constituted from venetian blinds in various colors.
While rendering the full height and scale of the Middle Hall's staggering
architecture visible, the installation's interplay between transparency
and concealment also created a tangible sense of the contrast between
the public sphere and the private realm within an institutional context.
This was followed in 2013 by a sculptural-cum-architectural project by
Manfred Pernice, a sculptor whose work draws its vitality from the physical
exploration of spatial situations. He added an elevated gallery to the Middle
Hall, giving an immediately palpable sense of this space's ideologically
determined monumentality. Set directly below this, slightly off-center,
his work *Tutti IV* introduced a shift in emphasis, subtly undermining the

centrality of the Middle Hall within the discourse of the architectural heritage born out of National Socialism.

Albanian artist Anri Sala (*1974) has now proposed the first non-sculptural work for DER ÖFFENTLICHKEIT – VON DEN FREUNDEN HAUS DER KUNST, in the form of *The Present Moment*: a complex sound and video installation wrapping ephemerally, yet with great precision, around the Middle Hall. Taking Arnold Schoenberg's string sextet *Verklärte Nacht* (Op. 4) [*Transfigured Night*] as his point of departure, Sala has developed a choreography of sounds that step by step lays bare the composition's underlying structure and carries visitors along on a journey through space and time. The nuanced engagement with the question of the public realm—Sala opted for the intimate format of the chamber music composition, in explicit contrast to the architecture's monumental proportions—is typical of his practice, which is characterized by a detailed analysis of reality. Subtly yet highly concisely, Sala's installation addresses the implicit connotations of the art commission—and thereby points out the fertility of artistic engagement with the spatial and historical context that DER ÖFFENTLICHKEIT – VON DEN FREUNDEN HAUS DER KUNST offers.

We would therefore like to express our warmest thanks to the Friends of Haus der Kunst, who have made DER ÖFFENTLICHKEIT – VON DEN FREUNDEN HAUS DER KUNST possible. By assuring financing of the series for several years, they have once more underscored their conviction that contemporary art is of vital importance. We are very grateful to them for enabling us to share this fascination with a large audience.

We also owe a particular word of thanks to the artist's galleries: Galerie Chantal Crousel, Marian Goodman Gallery, and Hauser & Wirth. It is thanks to their additional generous support that we have been able to implement such an ambitious project. Their involvement will ensure an enduring presence for *The Present Moment* over and above this presentation at Haus der Kunst.

The Münchener Kammerorchester was an outstanding partner in the realization of the installation. Alexander Liebreich, artistic director, and Florian Ganslmeier, managing director, were excited about and committed to the project from the outset and did everything they could to help us make the work a reality within the short time frame available. We would also especially like to thank the musicians who transposed Anri Sala's vision into reality: Peter Bachmann, Daniel Giglberger, Kelvin Hawthorne, Bridget MacRae, Max Peter Meis, and Nancy Sullivan. They were much more than accomplished musicians and performers; thanks to their profound understanding of the music and their interest in the project, they made a vital contribution to the form the piece ultimately assumed. We also owe thanks to Anselm Cybinski, Bernhard Jestl, and Robert F. Schneider for their assistance on the project. We would also like to express our admiration and gratitude to the entire production team, headed by Sylvie Barthet and Liria Begeja.

Sound designer Olivier Goinard, a long-standing collaborator of Anri Sala's, ensured that *The Present Moment* resounds crystal clear in the museum despite its difficult acoustics, given the monumental scale of the Middle Hall. We are delighted that the realization has proved so successful. Meyer Sound provided support for the technical implementation. Tim Wolff did painstaking groundwork for all aspects of the technical realization, which he implemented with assistance from Moritz Friedrich. We would also like to thank the exhibition organization team, first and foremost Tina Köhler and Cassandre Schmid, who, as ever, were always at hand when assistance was needed. Our thanks also go to Anton Köttl, Glenn Rossiter, and the team of technicians for their support.

The project's multiple facets are revealed in the catalog. We would like to thank Patrizia Dander for the framing essay she contributed in her capacity as editor of the publication. We would also like to thank Peter Szendy for his contribution, which offers insights into the facets of Anri Sala's installation *The Present Moment*.

A note of thanks and appreciation is certainly due to Patrizia Dander. As curator of the exhibition, her enthusiasm played a key part as she helped guide the project through its various stages. In dialogue with Anri Sala, she developed and oversaw the realization. Her sharp eye for detail, keen spatial sensitivity, and exemplary diligence in uniting the pieces of a complex puzzle ensured the work was installed with all the care and rigor required. We would like to express our heartfelt thanks to her for her work in realizing this project.

Finally, we would like to thank Anri Sala, who has made such a valuable contribution to Haus der Kunst with this breathtaking and multifaceted installation. He has propelled this ambitious production forward with unflagging enthusiasm, including the even more complex process of project realization in the highly demanding spatial framework of Haus der Kunst. We would like to express our profound gratitude for his vision and look forward to becoming acquainted with *The Present Moment* in all its nuances over the course of the year in which it will fill the Middle Hall of the building.

ANRI SALA

The Present Moment (in D)

Es gibt zwei voneinander unabhängige Fassungen von *The Present Moment – (in D)*
und *(in B-flat)* – entsprechend der Noten, die im Film der Installation gespielt werden.
Im Haus der Kunst sind dies D-Noten, weshalb die Installation mit *(in D)* untertitelt ist.

There are two independent versions of *The Present Moment – (in D)* and *(in B-flat)* –
according to the notes performed in the film of the installation. At Haus der Kunst,
these are D notes, and therefore the installation is subtitled *(in D)*.

The Present Moment (in D)

ANRI SALA

Die längsten gegenwärtigen Augenblicke, diejenigen Zeitabschnitte, in denen das Gedächtnis noch nicht in Kraft tritt und Vergangenheit und Zukunft nicht wahrgenommen werden, ereignen sich, so wird angenommen, wenn man Musik hört. Die Länge dieser Augenblicke entspricht oft der Länge sogenannter musikalischer Phrasen oder Gesten.

The Present Moment ist die fiktionale Reorganisation eines Kammermusikstückes, das wie in einer imaginären Sackgasse inszeniert und erlebt wird. Der Ausgangspunkt ist eine Einspielung von Schönbergs berühmtem Werk *Verklärte Nacht* (1899, op. 4), das als Streichsextett von zwei Violinen, zwei Bratschen und zwei Violoncelli aufgeführt wird.

Betritt man die Halle, in der *Verklärte Nacht* gespielt wird, werden immer dann, wenn sie in Schönbergs Partitur zum ersten Mal auftauchen, einzelne Noten und kurze musikalische Phrasen freigesetzt und treiben durch den Raum, als seien sie aus dem Gesamtkörper der Musik ausgestoßen worden. Sobald sie das Ende des Raumes erreichen, ballen sie sich dort zusammen und spielen in Wiederholung, als seien sie in einer Sackgasse gefangen, in einem Raum kondensierten akustischen Gedächtnisses.

Einige Noten – ausschließlich D's – bewegen sich indes noch weiter. Ihre Reise endet erst in einem Film, wo sie sofort in eine Folge wiederkehrender Bewegungen von Schultern, Ellenbogen, Armen und Händen umgesetzt werden: die physische Manifestation musikalischer Gesten. Die Ankunft und Ballung der Töne wird hier durch eine Gruppe von sechs Musikern verkörpert, die in einem Halbkreis gegen eine Wand spielen (dem Zuschauerraum abgewandt). Jeder spielt so lange sein eigenes D, bis es durch das nächste D aus Schönbergs Partitur ersetzt wird.

Die gegenwärtigen Augenblicke existieren in diesem Film sowohl vor als auch gleichzeitig mit jedem einzelnen Musiker. Jedes Mitglied des Sextetts präsentiert so lange den letzten Augenblick, bis der nächste Augenblick ihn ablöst. Die Musikinstrumente bleiben fast unsichtbar. Dadurch wird die physische Anstrengung betont, die dem Erklingen jeder Note vorangeht.

The Present Moment ist ein Kammerspiel, dessen Bewegung in einem großen Raum Töne und Aktionen auslöst. Diese sind ein Widerhall der Ereignisse und Prozeduren, die sich in Schönbergs Stück bereits ankündigen. Neuerungen wie Serialismus in der Musik und hochgradig arbeitsteilige und spezialisierte Prozesse in der industriellen Produktion wurden erst nach Schönbergs Zeit eingeführt.

The Present Moment (in D)

ANRI SALA

It is believed that the longest present moments—those pieces of time in which memory is not yet activated and notions of past and future do not arise—occur while listening to music. The extents of these present moments often correspond to the lengths of what are known as "musical phrases" or "gestures."

The Present Moment is a fictional rearrangement of a piece of chamber music, as if it were set and experienced in a space ending in an imaginary cul-de-sac. A recording of Schoenberg's renowned composition *Verklärte Nacht* (1899, Op. 4), performed by a sextet of two violins, two violas, and two cellos, marks its starting point.

Upon entering the hallway where *Verklärte Nacht* is played, solitary notes from the appearance of each new tone in Schoenberg's score and brief musical gestures are released and drift across the space, as if expelled from the main body of the music. As these reach the far end of the hall, they accumulate and play repetitively, seemingly trapped in a dead end, a space where acoustic memory is condensed.

Some notes, all belonging to the D tone, extend their journey farther to conclude in a film, where they are instantly transformed into a series of recurring movements of shoulders, elbows, arms, and hands: the physical manifestation of musical gestures. Their arrival and build-up is embodied by a group of six musicians placed together in a semicircle against a wall (the audience's usual space having been spatially removed). Each musician plays his or her respective D, until the advent of the next D tone in Schoenberg's original score replaces it.

Throughout the film, the present moments exist both beforehand and at once with each of the musicians. Each member of the sextet serves and supplies the foregoing moment until relieved by the forthcoming. Their musical instruments remain nearly invisible, to stress the physical effort that precedes the sounding of the ensuing notes.

The Present Moment is a chamber-sized composition whose trajectory in a large hall prompts sounds and induces action echoing events and procedures that were presaged by Schoenberg's piece. Developments such as serialism in music and high-grade division of labor and specialization in industrial production were to occur only later in history.

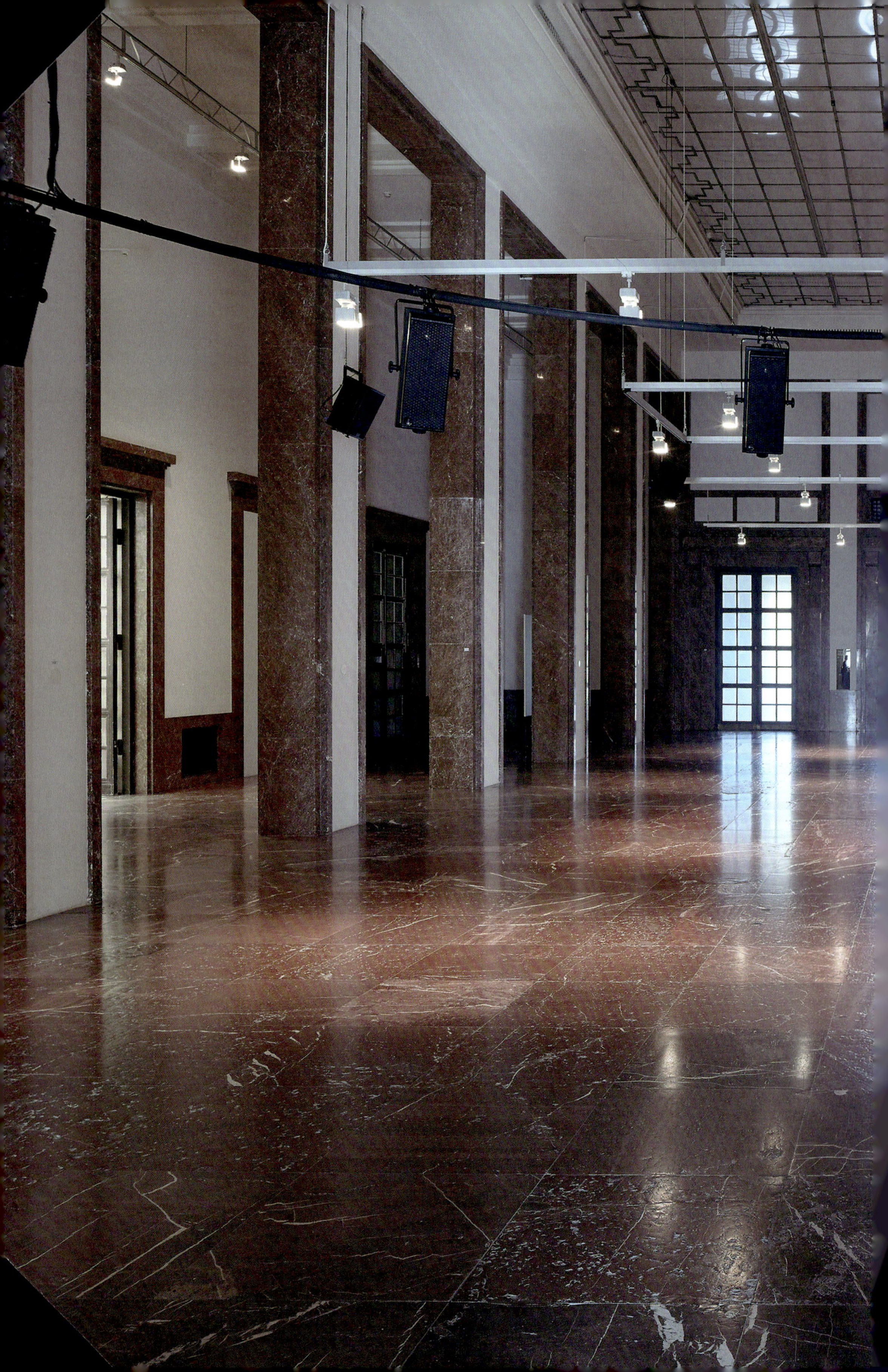

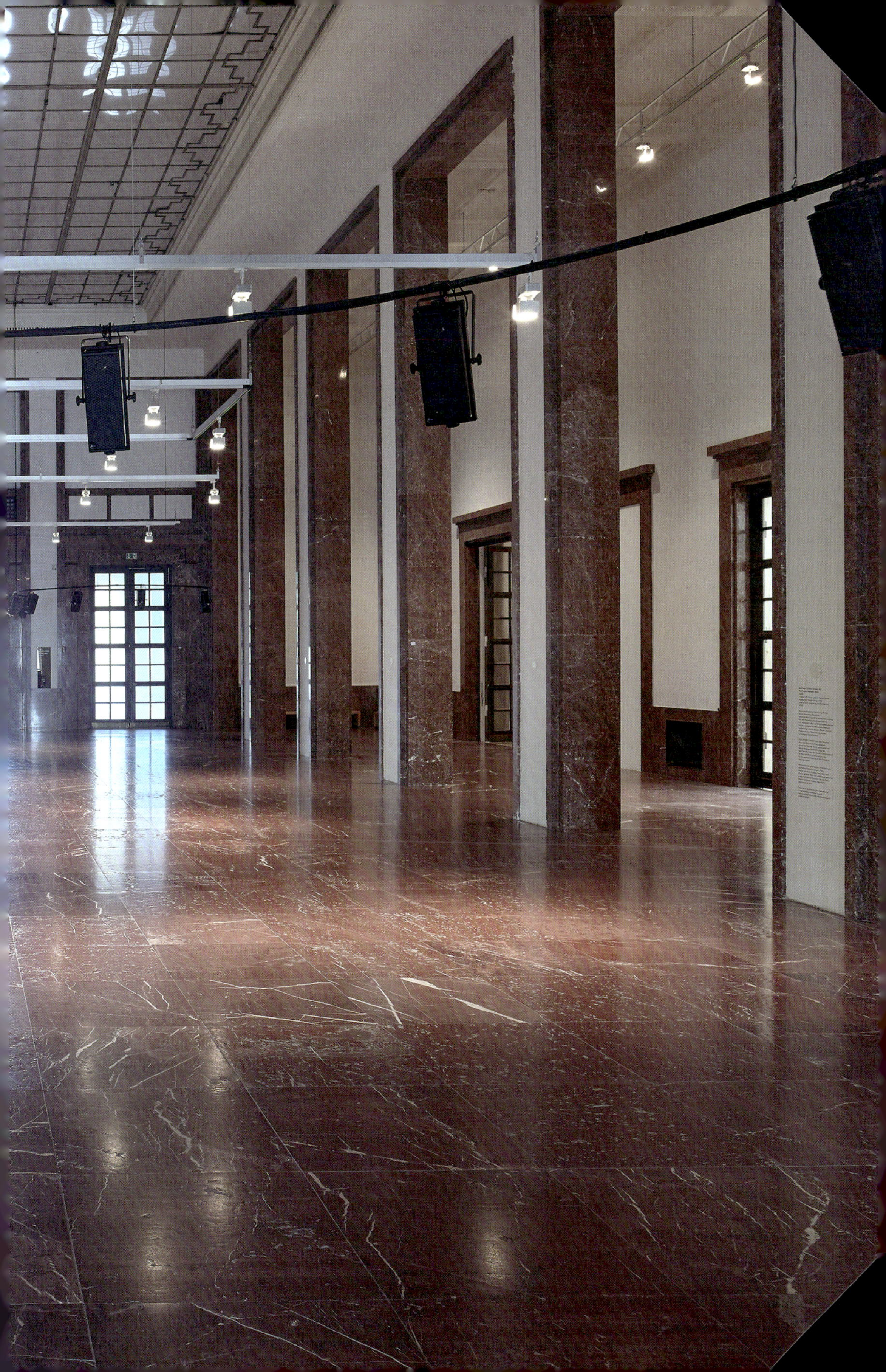

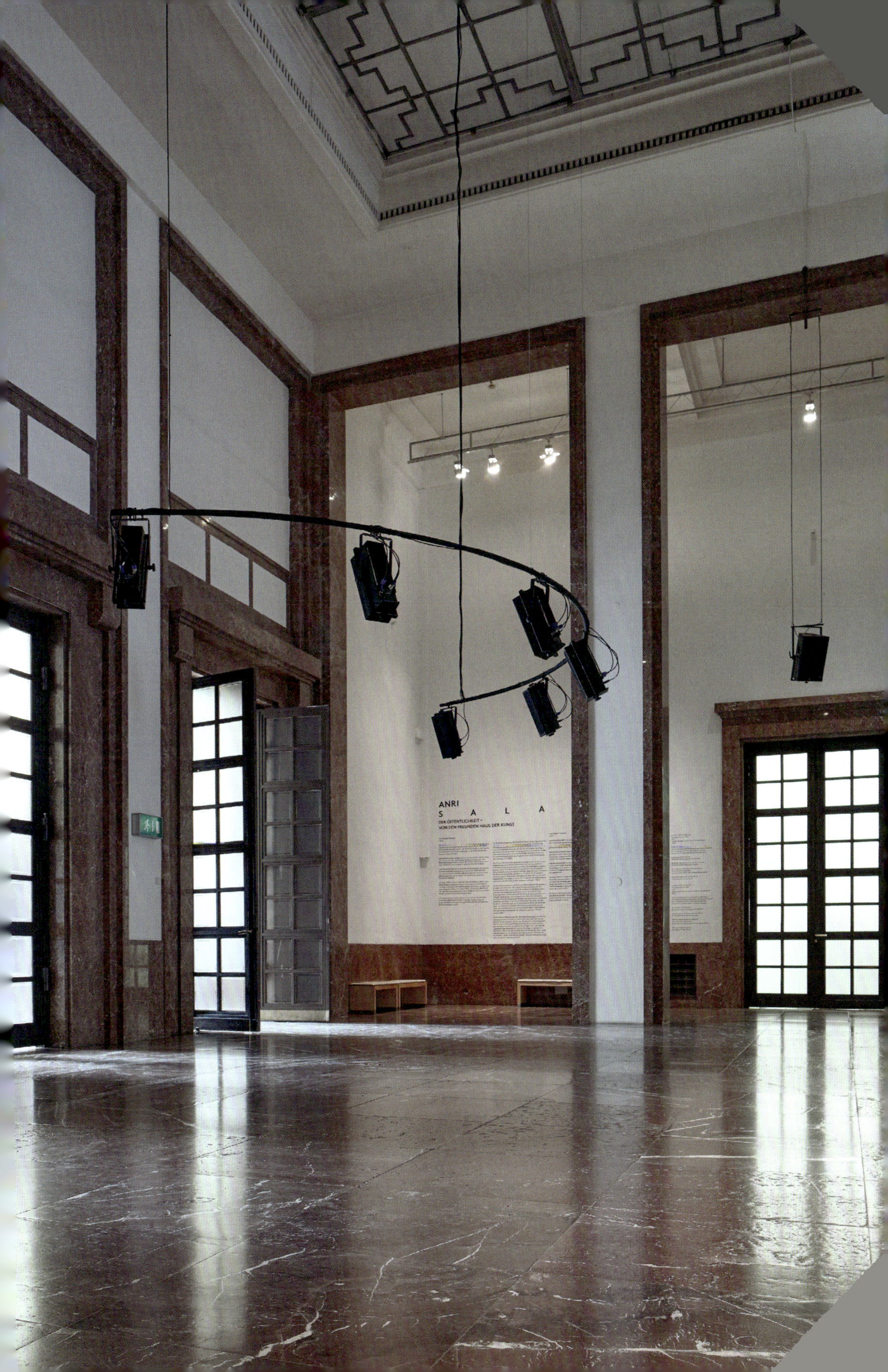

ANRI
SALA
DER ÖFFENTLICHKEIT –
VON DEN FREUNDEN HAUS DER KUNST

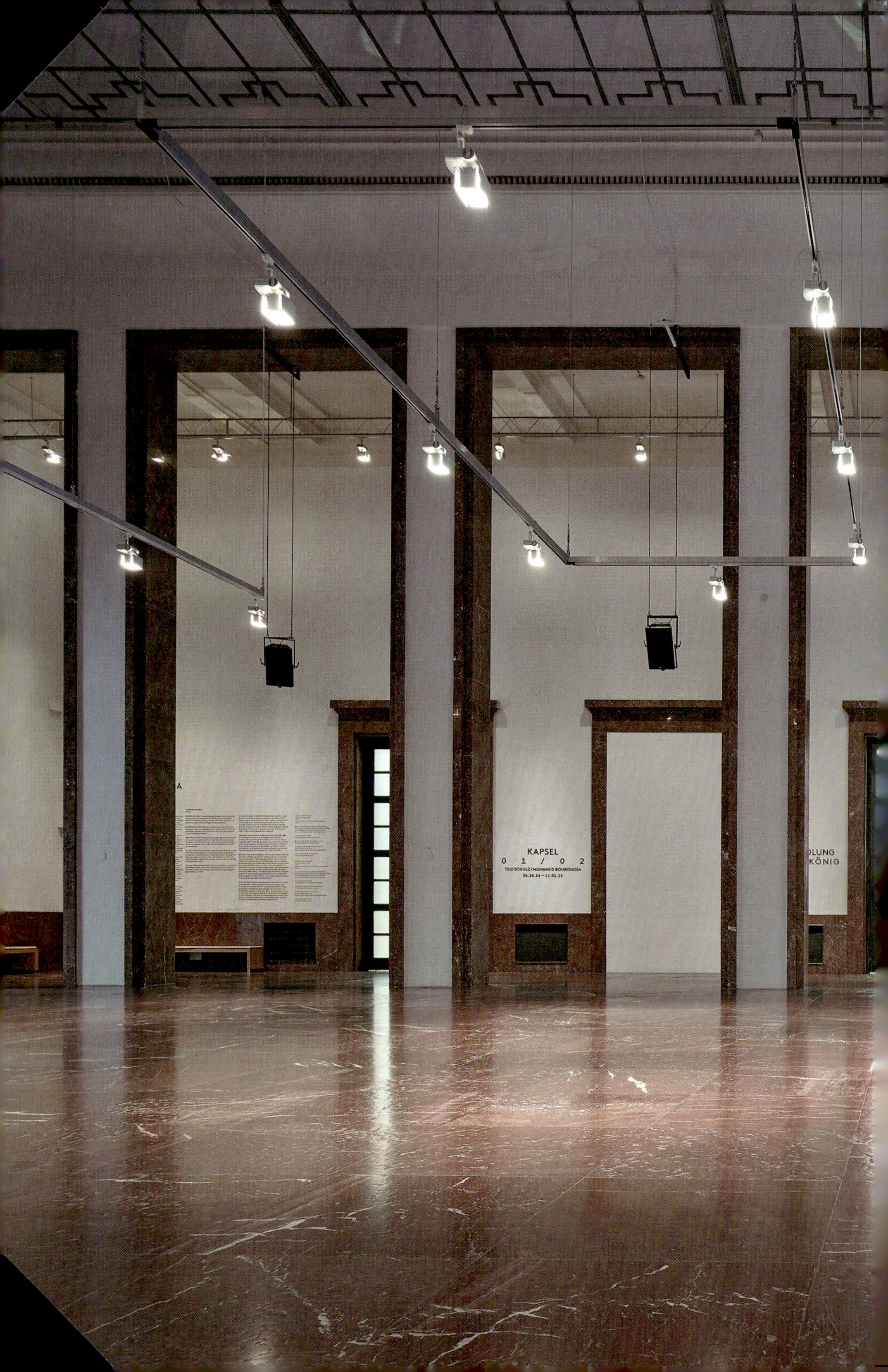

KAPSEL
0 1 / 0 2
TILO SCHULZ / MOHAMED BOUROUISSA
24.10.14 – 11.01.15
OLUNG
KÖNIG

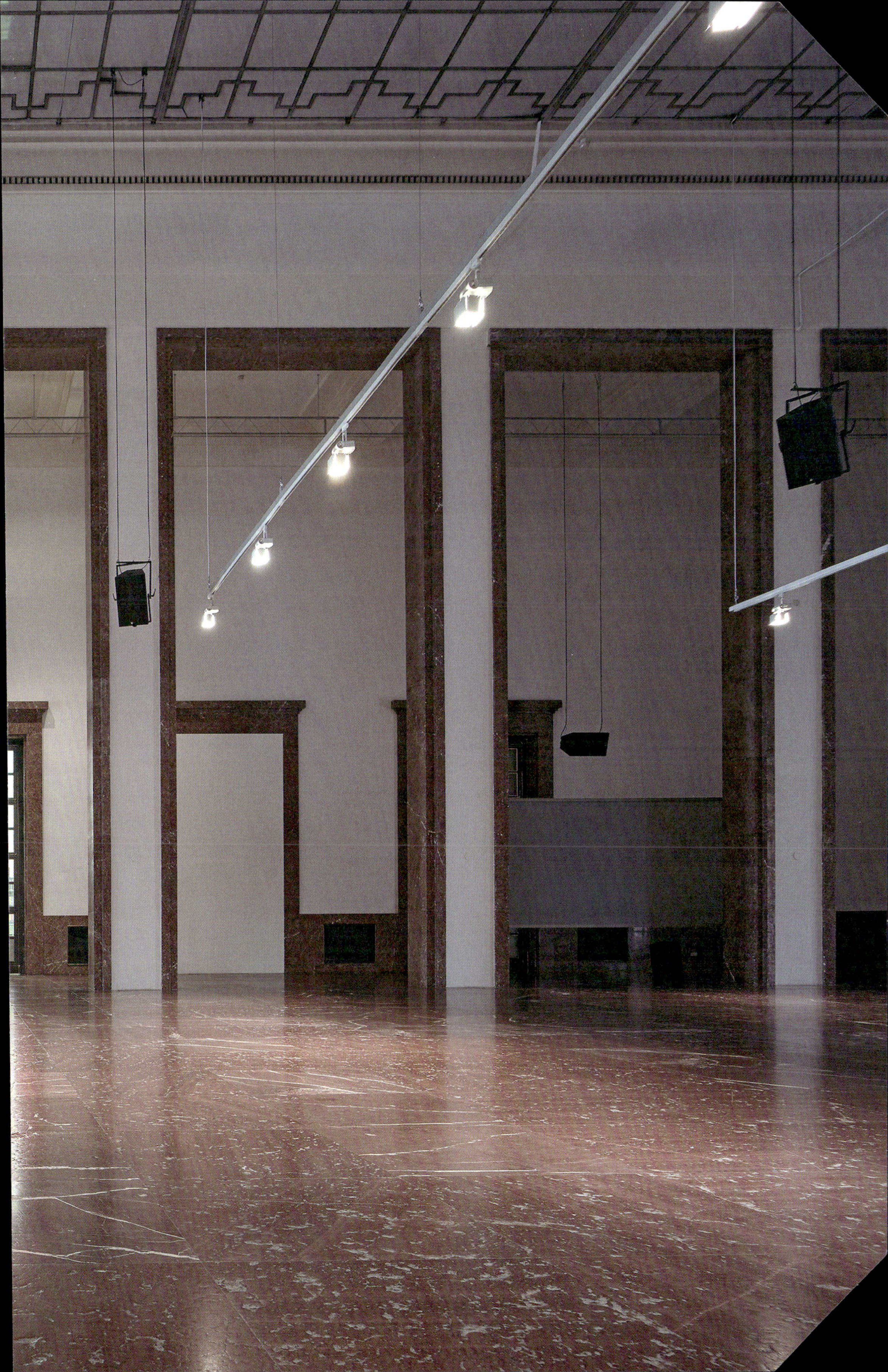

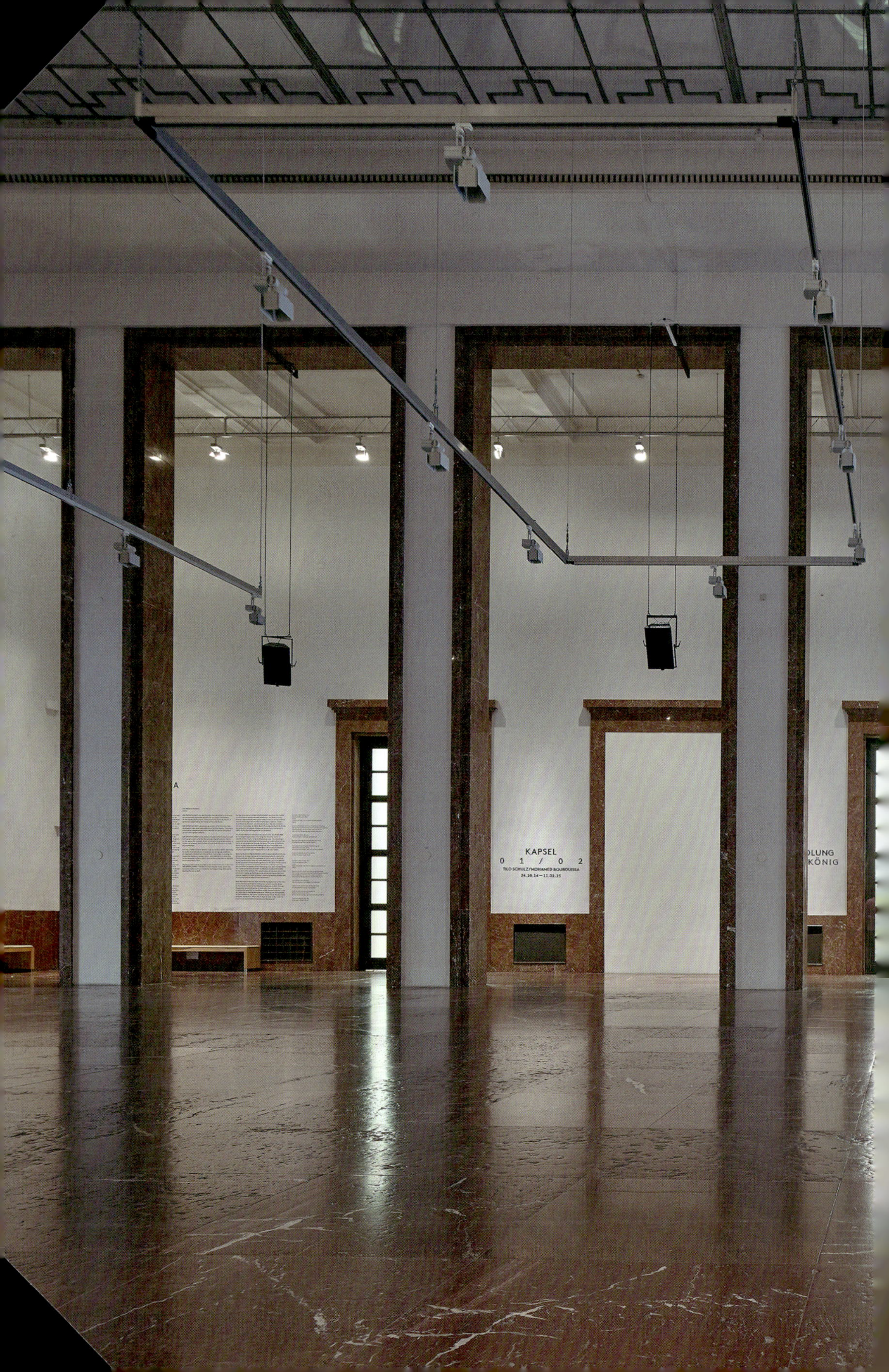
KAPSEL
0 1 / 0 2
TILO SCHULZ/MOHAMED BOUROUISSA
24.10.14 – 11.01.15

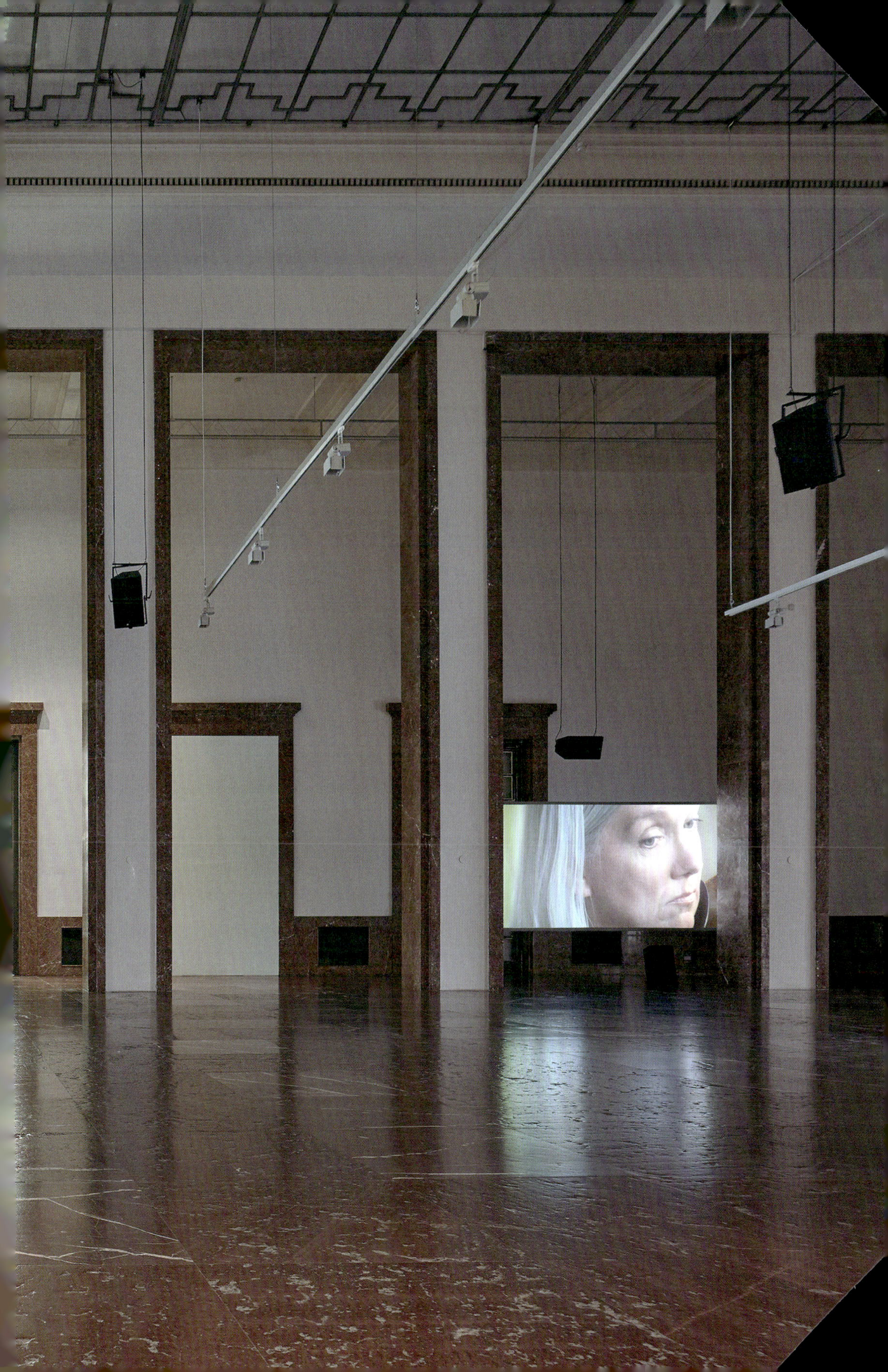

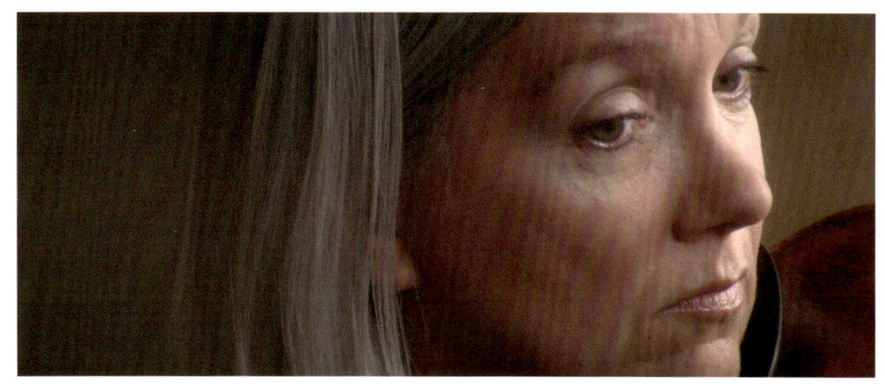

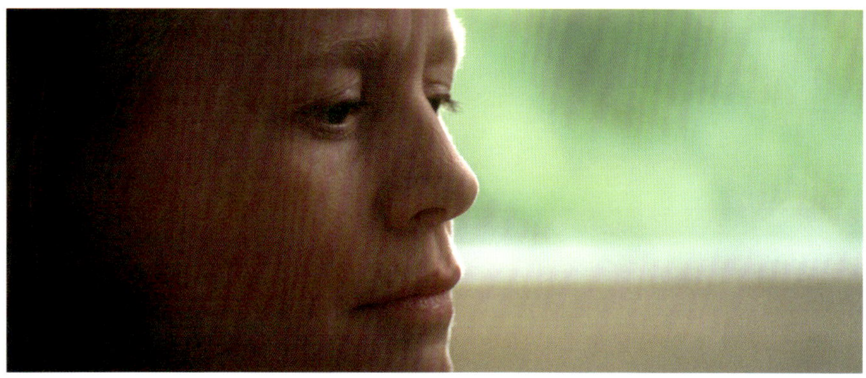

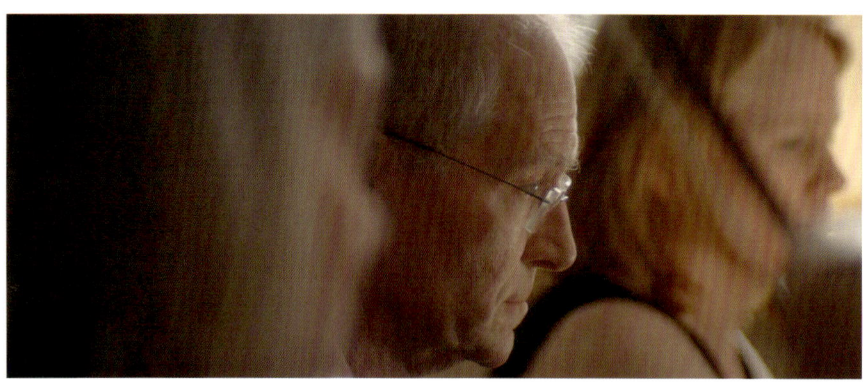

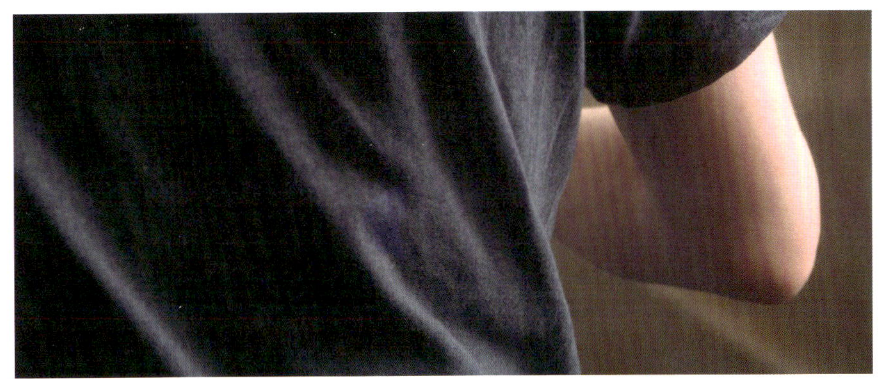

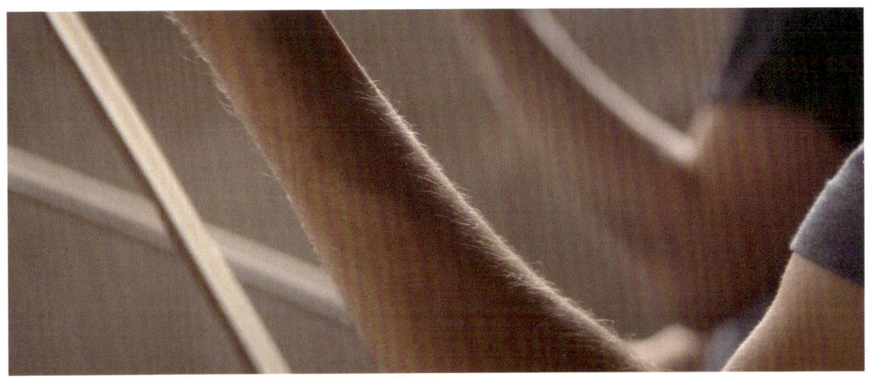

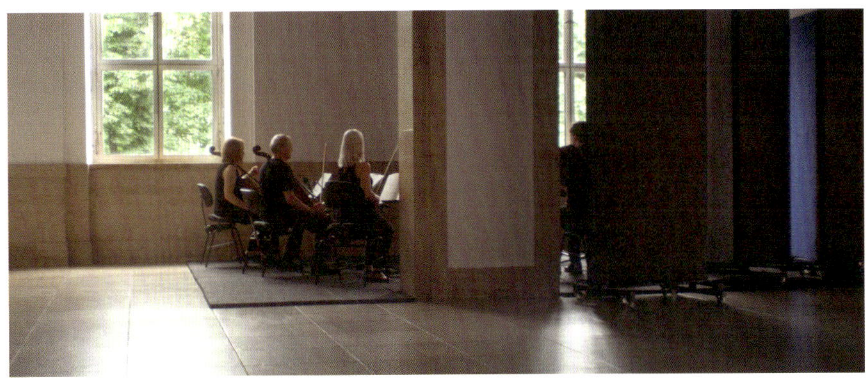

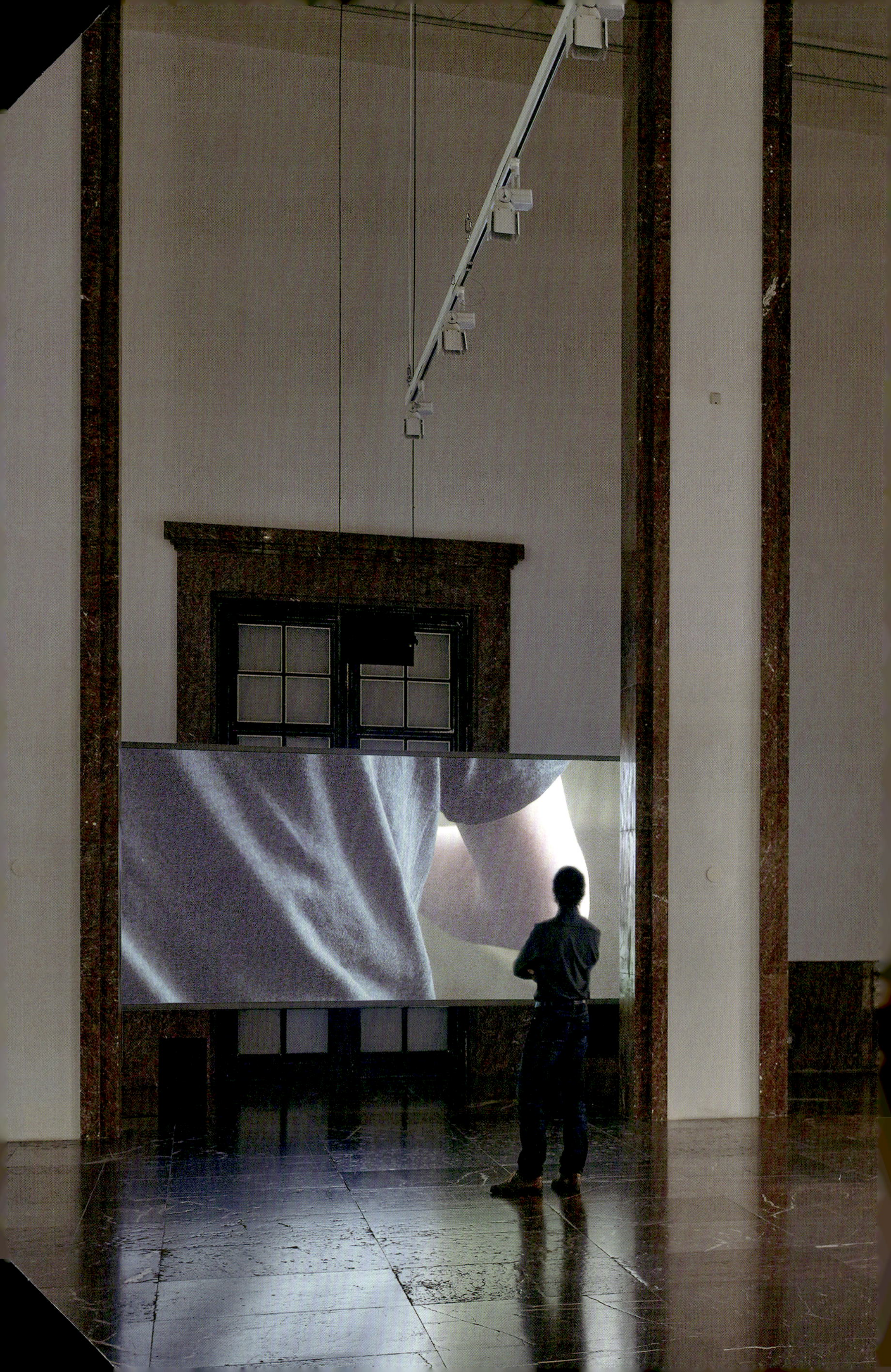

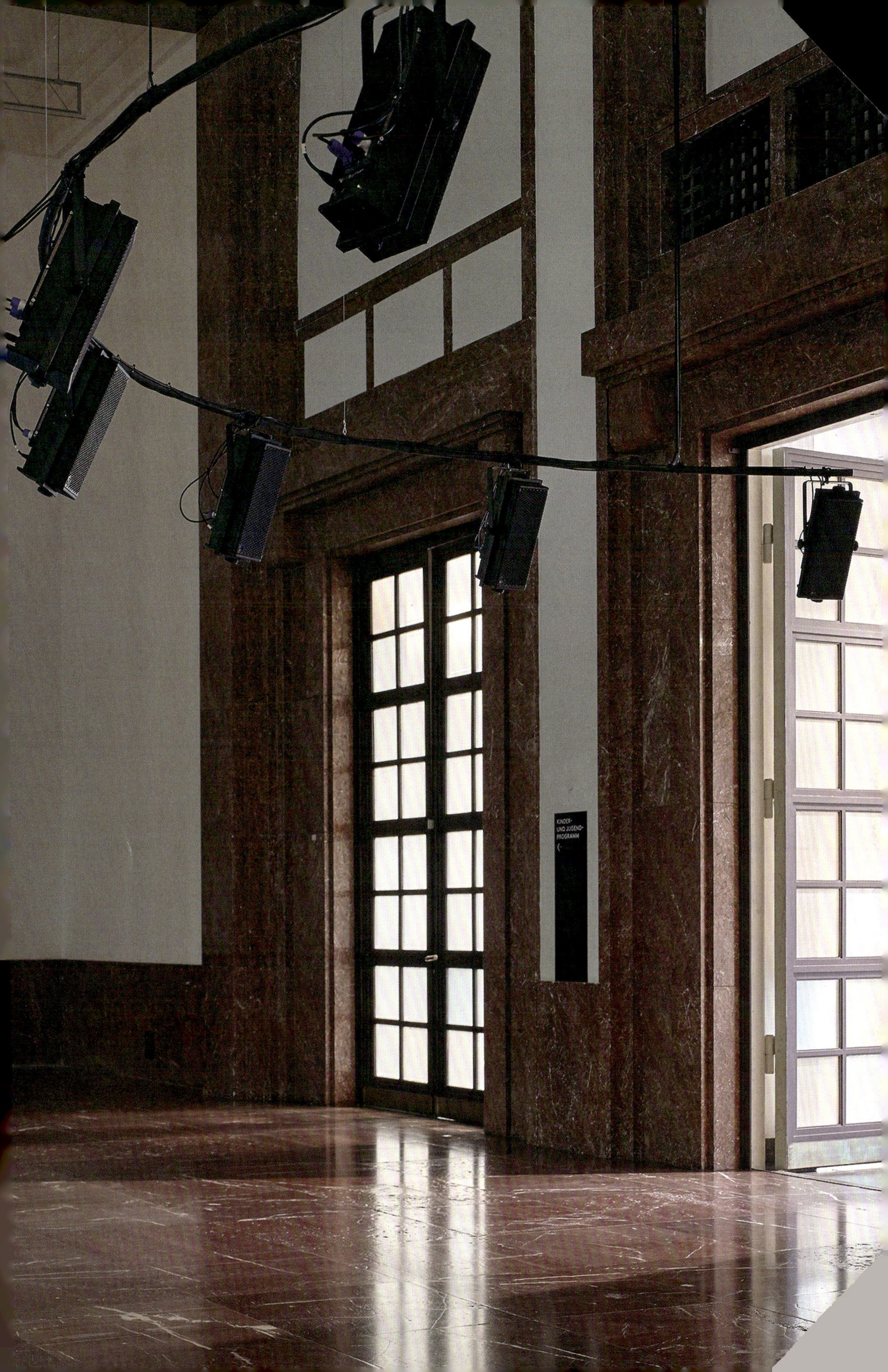

KINDER-
UND JUGEND-
PROGRAMM

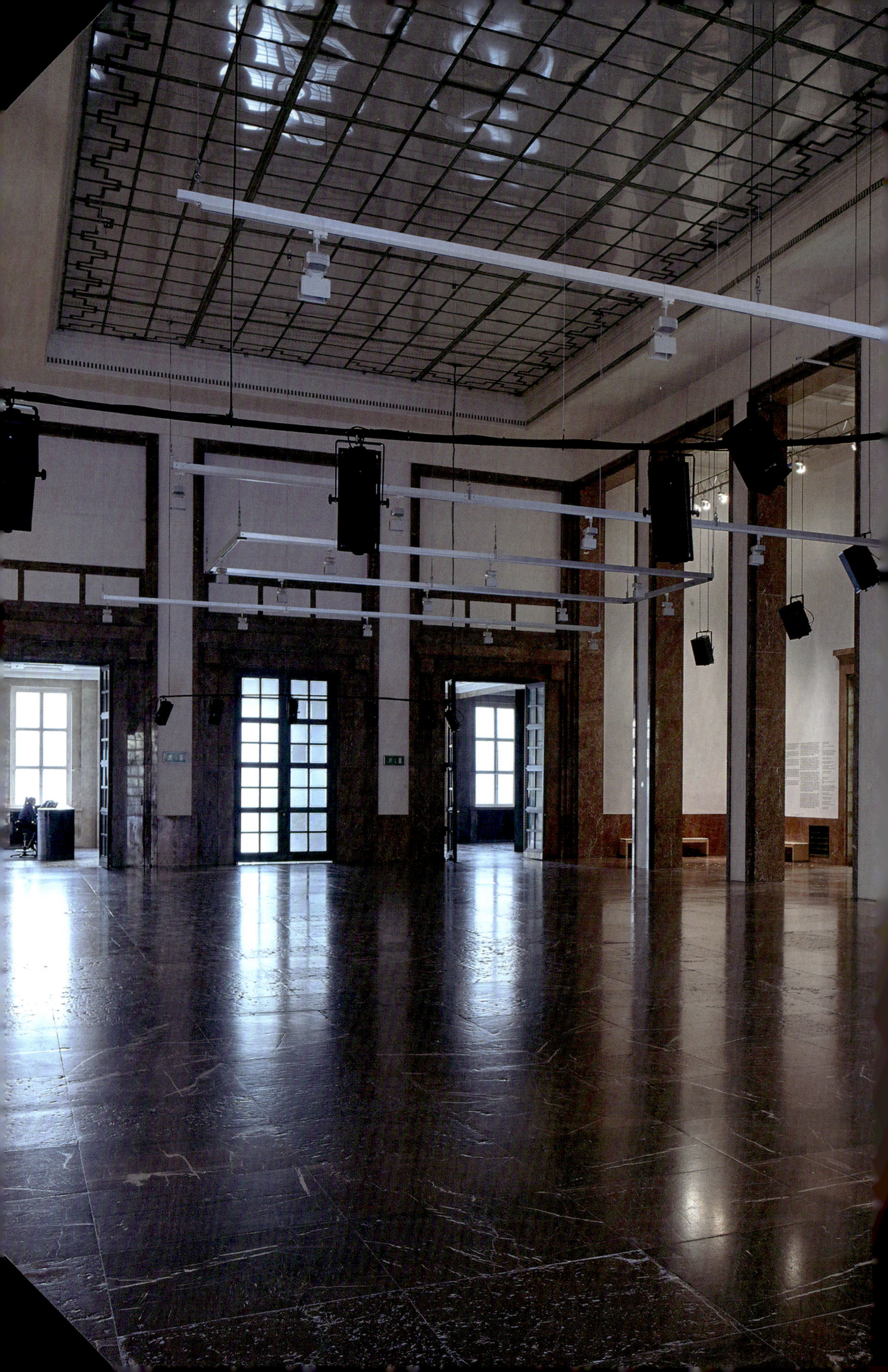

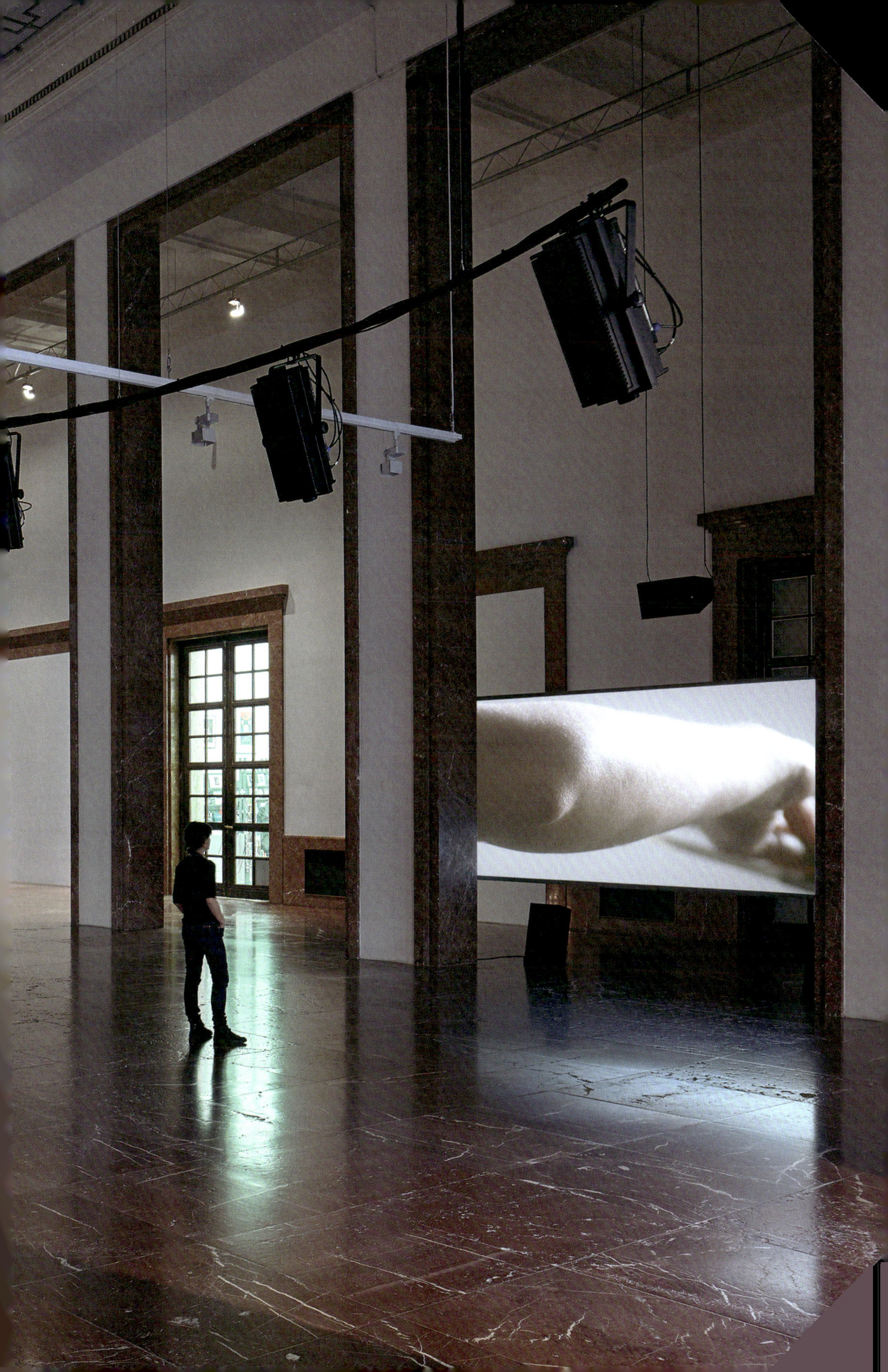

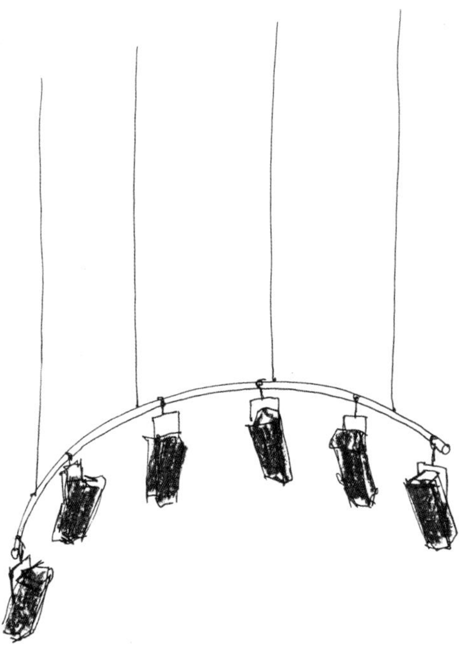

Skizze für die Lautsprecher-Anordnung in den Boxenhalbkreisen /
Sketch for the semicircular loudspeaker arrangement

Bemerkungen zu *The Present Moment*

PATRIZIA DANDER

If there is a possibility to be in between—*in situ* yet not site specific—
that's where I would position my practice.
Anri Sala[1]

Schon oft hat Anri Sala betont, dass er nicht an ortsspezifische Kunstwerke
glaubt, wohl aber an eine ortsbezogene Form der Installation und Ausstellung.
Vor dem Hintergrund der Einladung, eine Auftragsarbeit für einen historisch
so aufgeladenen Raum wie die ehemalige Ehrenhalle im Haus der Kunst
zu entwickeln, erscheint dies zumindest beachtenswert. Als Knotenpunkt
des repräsentativen nationalsozialistischen Baus, der von 1933 bis 1937 als
Haus der Deutschen Kunst geplant und ausgeführt wurde,[2] verkörpert
die ehemalige Ehrenhalle bis heute am eindringlichsten die ideologische
Überfrachtung dieser Architektur: Ihre Deckenhöhe beträgt 12 Meter, ihre
Grundfläche 800 Quadratmeter; ihr Boden ist mit rotem Marmor belegt, und
gegliedert wird sie von mit ebenfalls rotem Marmor verkleideten Pfeilern, ganz
im Sinne der streng symmetrischen neoklassizistischen Architektursprache
des Haus der Kunst. Genutzt wurde die Halle ehemals als Ort für Ansprachen
und Eröffnungsreden zu den zwischen 1937 und 1944 stattfindenden *Großen
Deutschen Kunstausstellungen*, und so steht sie bis heute für die Megalomanie
der Nationalsozialisten und deren Ansinnen, ihre Ideologie auf alle
Lebensbereiche hin auszuweiten – einschließlich der Bildenden Kunst. Dem
zu begegnen ist nicht einfach, und die historische Dimension ist, wenngleich
kein direkter Anknüpfungspunkt für die Auftragsarbeiten der Reihe DER
ÖFFENTLICHKEIT – VON DEN FREUNDEN HAUS DER KUNST, doch impliziter
Kontext eines jeden künstlerischen Vorhabens an diesem Ort. Wie Sala diesem
Raum mit der Sound- und Videoinstallation *The Present Moment* im Sinne
seiner obigen Aussage entgegentritt, sei im Folgenden nachgezeichnet.

Der konzeptuelle Ausgangspunkt von *The Present Moment* ist das 1899
komponierte Streichsextett *Verklärte Nacht* (op. 4) von Arnold Schönberg –
eines der frühen, noch spätromantisch geprägten Werke des 1874 in Wien
geborenen Komponisten, der vor allem für die spätere Entwicklung der
Zwölftonmusik in die Musikgeschichte eingegangen ist. Für eine Schilderung
der Ausgestaltung der Installation sei auf den Text von Peter Szendy in
vorliegendem Katalog verwiesen, der die musikalischen Transpositionen
und deren raum-zeitliche Abfolge in der Installation ausführlich darlegt.[3]
An dieser Stelle soll die Aufmerksamkeit Salas Konfrontation der Architektur
und ihrer Konnotationen gelten.

Wie seinen jüngsten Filmen und Installationen legte Anri Sala auch *The Present Moment* eine klassische musikalische Komposition zugrunde.[4] Die Wahl dieser Komposition erfolgte, wie er betont, vor allem intuitiv. Wichtig war ihm jedoch die Entscheidung für ein Werk der Kammermusik, also für ein Genre, das ursprünglich für ein kleines Musikerensemble und intime Räumlichkeiten konzipiert war: „Die Aufführung von Musik in eher kleinen Räumen, vorwiegend in Privathäusern, vor einem Publikum von begrenzter Größe, war übliche Praxis im Italien der Mitte des 16. Jahrhunderts und auch davor. […] Einer der wichtigsten Aspekte bei der Kammermusik war in der Tat die soziale Dimension: das Vergnügen, in einem häuslichen oder halb-öffentlichen Umfeld mit Freunden und Verwandten zu musizieren."[5] Eine der bekanntesten Aussagen zur Kammermusik stammt von Johann Wolfgang von Goethe, der über das Streichquartett bemerkte: „[M]an hört vier vernünftige Leute sich untereinander unterhalten, glaubt ihren Diskursen etwas abzugewinnen und die Eigentümlichkeiten der Instrumente kennenzulernen."[6] Dieses konversationsorientierte und auf individuellen Ausdruck abzielende Genre steht in deutlichem Kontrast zur Frontalität und hierarchischen Anlage der in den Gründungsjahren vor allem für Propagandazwecke genutzten ehemaligen Ehrenhalle im Haus der Kunst. Über die Wahl eines Streichsextetts bringt Sala nicht nur eine qualitativ andere Form des Austausches in den historischen Kontext ein, sondern auch eine geradezu diametral entgegengesetzte Raumlogik – ein Kontrast, den der Künstler nüchtern in Worte fasst, wenn er sagt: „Was man sieht, ist eine Halle, was man hört, ist eine Kammer."[7]

Schönberg selbst schrieb 1902 über die *Verklärte Nacht*: „Bei der Komposition von Richard Dehmels Gedicht ‚Verklärte Nacht' leitete mich die Absicht, in der Kammermusik jene neuen Formen zu versuchen, welche in der Orchestermusik durch Zugrundelegen einer poetischen Idee entstanden sind. Zeigt das Orchester die gleichsam episch-dramatischen Gebilde tondichterischen Schaffens, so kann die Kammermusik die lyrischen oder lyrisch-epischen darstellen."[8] Als Grundlage seiner Komposition wählte Schönberg eine Liebesgeschichte,[9] deren Dramatik sich in der komplexen kompositorischen Konzeption des Stückes mit seinen zahlreichen chromatischen Verschiebungen widerspiegelt. Er versuchte sich damit an einer Art von Programmmusik im Genre der Kammermusik, also an der Übersetzung eines konkreten lyrischen Narrativs in Musik. Hierin liegt eine interessante Parallele zu Salas eigenen Sound- und Videoarbeiten, die häufig auf Sprache verzichten. Der Zweifel an sprachlichen Ausdrucksmöglichkeiten beziehungsweise die Anerkennung ihrer Grenzen deutet sich bereits in seinen frühesten Arbeiten wie *Intervista* (1998) an. Das Video hatte seinen Ausgangspunkt in einem 16mm-Film, der dem Künstler bei einem Umzug in die Hände fiel. Auf dem Filmmaterial ist seine Mutter Valdet zu sehen, die auf einem Jugendkongress der Kommunistischen Partei Albaniens interviewt wird. Der Film hat jedoch keine Tonspur, und erst mithilfe eines Lippenlesers an einer Gehörlosen-Schule gelang es Sala, die Antworten seiner Mutter zu identifizieren. Sie entpuppten sich als flammende Rede auf das kommunistische Regime; eine Rede, die der Mutter rückblickend rhetorisch wirr und entleert erscheint (wenngleich sie die Priorisierung kollektiver Anliegen gegenüber individuellen nach wie vor im Kern bejaht). „Wir lebten in einem tauben und stummen System, in dem wir nur mit einem Mund und einer Stimme sprachen", so beschreibt sie es im Video. In einem System, in dem Kritik oder abweichende Meinungen nicht toleriert werden, werden auch die Sprache und ihre Aussagekraft korrumpiert – oder zumindest in eine Rhetorik und Syntax[10] gezwungen, die letztendlich den Inhalt beeinträchtigen.

Dieses Bewusstsein zieht sich durch viele von Anri Salas Arbeiten und macht sein abnehmendes Interesse am gesprochenen Wort nachvollziehbar: „Kommunikation muss nicht notwendigerweise über eine Erzählung oder verbale Kommunikation erfolgen [...] Sprache ist in meiner Arbeit immer weniger präsent."[11] An ihre Stelle treten dafür vermehrt Sound und Musik: „Ich interessiere mich für Musik [...] insofern, als sie mir ermöglicht, die Wahrnehmung zu beeinflussen und zu lenken, ohne dabei ein Narrativ zu produzieren [...]. [Musik hat] eher prä-narrativen Charakter, in dem Sinn, dass sie nicht erzählt, nicht rahmt, sondern sich auf etwas hin öffnet, affiziert ohne zu erklären."[12] Dies ist ein Gedanke, der auch für die Installation im Haus der Kunst gültig ist.

The Present Moment ist mehr als nur eine 1-Kanal-Video- und 19-Kanal-Soundinstallation. Sala bezieht, zugunsten einer direkten Erfahrbarkeit der internen Logik der Installation, die gesamte Halle in eine Choreografie ein, denn zu der akustischen und der visuellen Ebene von *The Present Moment* gehört auch eine stringente räumliche Anordnung (Abb. S. 57). Dadurch dass Sala Schönbergs Originalpartitur und seine eigenen „Extrakte" daraus an verschiedenen, klar definierten Positionen innerhalb der Mittelhalle erklingen lässt, erhält der Besucher die Möglichkeit, die konzeptuellen Etappen als örtlich distinkte Einheiten zu begreifen. Auch die Tatsache, dass diese Positionen nacheinander bespielt werden – wobei je maximal zwei gleichzeitig zu hören sind – hilft einerseits, die musikalischen Übertragungsschritte offenzulegen, und andererseits, auf die Bezüge zwischen den verschiedenen Partituren zu verweisen.

Salas Inanspruchnahme des Raumes geht jedoch über die räumlich-zeitliche Entfaltung der audio-visuellen Etappen der Installation hinaus – und das, obwohl die Installation an sich als physisch sehr reduziert zu bezeichnen

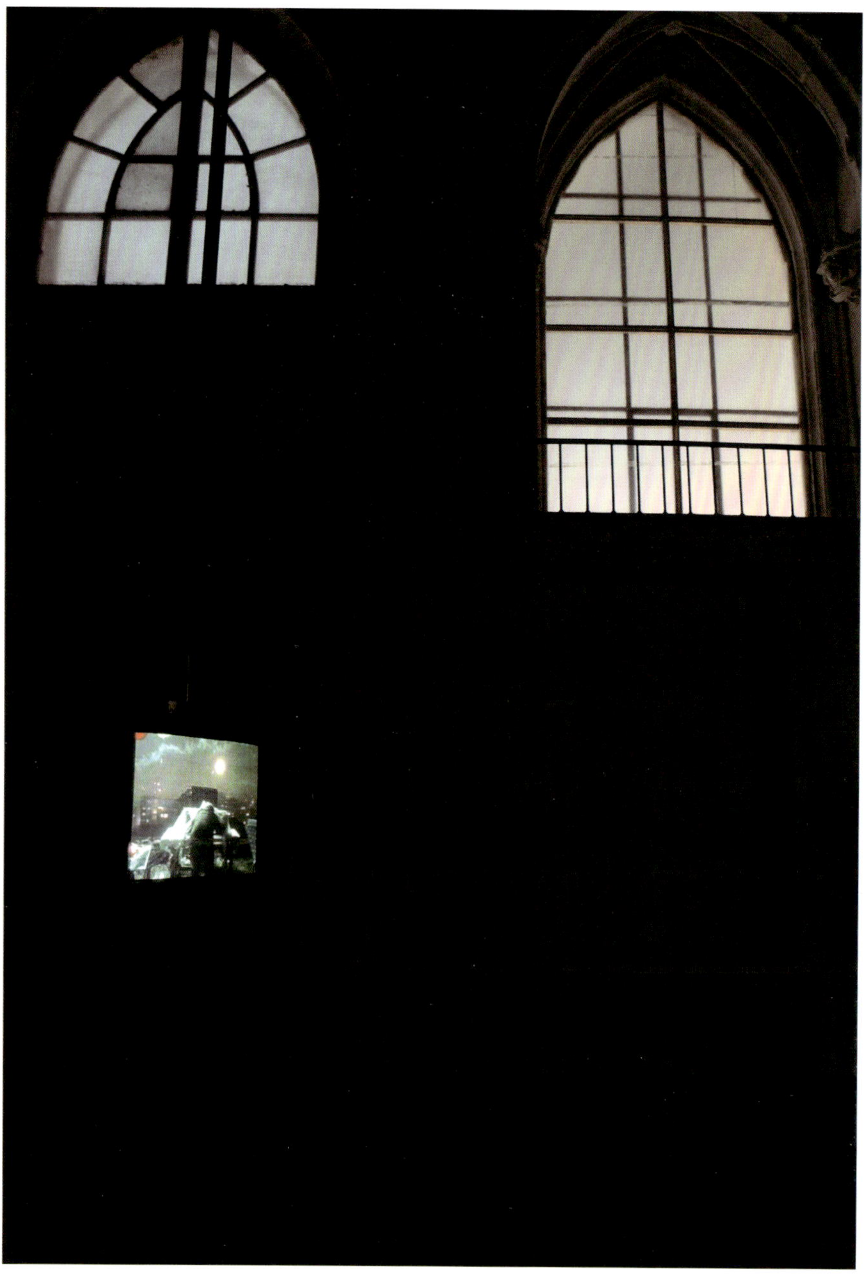

Mixed Behaviour, 2003
Installationsansicht / Installation view, *Entre chien et loup,*
ARC/Musée d'Art moderne de la ville de Paris, Couvent des Cordeliers, Paris 2004

ist: Zu sehen sind zwei Kreissegmente mit je sechs Lautsprecher-Boxen am
Anfang und am rechten hinteren Ende der Halle. Weiterhin beschreiben
vier Einzelboxen eine leichte Rechtskurve im Raum; drei Boxen sind über
beziehungsweise unter eine Projektionsfläche platziert, die hinten links in der
Mittelhalle hinter die Pfeiler montiert (also aus dem Raum „ausgeschlossen")
wurde. Sala erreicht die umfassende Vereinnahmung nicht nur durch die
das gesamte Raumvolumen erfüllenden Tonspuren, sondern auch durch
konkrete Eingriffe in die strukturellen, aber nicht-architektonischen Elemente
des Raumes: So wurden die Lichtschienen tiefer gehängt – sie befinden sich
nun auf der Höhe der Türstürze – und damit sowohl die Aufmerksamkeit
auf die räumlichen Gegebenheiten gelenkt als auch ein Gefühl von
Konzentration evoziert. Weiterhin sind die einzelnen Etappen der Installation
an verschiedene Lichtsituationen gekoppelt: *The Present Moment* beginnt bei
voller Beleuchtung;[13] mit Einsetzen der zweiten Phase[14] wird die Beleuchtung
gedimmt; die letzten beiden Phasen von *The Present Moment* sind von einem
Video bestimmt, das bei nun ausgeschalteter Beleuchtung zur hauptsächlichen
Lichtquelle der Installation wird.

Solche Eingriffe beeinflussen und steigern die Raumerfahrung. Dies lässt
sich für *The Present Moment* in einem ganz wörtlichen Sinn behaupten – nicht
nur, dass in der halbstündigen Pause zwischen jedem Zyklus die Mittelhalle
zum Protagonisten wird; auch die von den Pfeilern leicht verdeckte Leinwand
scheint geradezu dazu da zu sein, um die Präsenz der Halle zu betonen.
Dieser Ansatz, den Raum selbst auszustellen, kehrt seit der Ausstellung
Entre chien et loup, 2004 vom Musée d'Art moderne de la ville de Paris
off-site im ehemaligen Kloster Couvent des Cordeliers organisiert, in
Salas Präsentationen immer wieder. Dort evozierte er durch künstliches,
computerkontrolliertes Licht eine Art permanenter Dämmerung, ein
atmosphärisches Pendant zu den ausschließlich bei Nacht gefilmten Arbeiten,
die in der Ausstellung zu sehen waren.[15] Wie der britische Kurator und
Kritiker Mark Godfrey es formulierte, greift Sala damit eine spezifische
Entwicklungslinie der Kunst der 1960er-Jahre auf (eine Zeit, in der im Übrigen
auch die ersten Definitionen von Ortsbezogenheit entwickelt wurden[16]):
„Sala kehrte zu den bildhauerischen Anliegen minimalistischer Künstler
wie Robert Morris zurück, indem er auf die phänomenologische Begegnung
der Besucher mit der Arbeit insistiert, ihnen ihre körperlichen Bewegungen
im Betrachterraum ebenso vergegenwärtigt wie die Größe ihrer Körper
im Verhältnis zu derjenigen der Bilder. Diese Anliegen sind jedoch keine
Zugabe zu seiner künstlerischen Praxis; sie stimmen völlig mit seiner
kontinuierlichen Erforschung des Standpunkts überein."[17]

Einen derart physischen Zugang vermittelt auch die Choreografie von
The Present Moment. Durch die in einer definierten Abfolge einsetzenden
Tonspuren (Abb. S. 72–75) wird der Besucher eingeladen, sich entlang der

vier Stationen in der Installation zu bewegen und dort zu verweilen – was dem eigentlichen Transitcharakter der Mittelhalle (die heute den Zugang zu den drei Hauptausstellungsräumen, der Archivgalerie sowie dem Buchladen ermöglicht und zudem die Süd- und Nordseiten des Hauses verbindet) auf den ersten Blick zu widersprechen scheint. Gleichzeitig ist gerade die musikalische Anfangssequenz durch einen transitorischen Charakter definiert, indem die Töne die vier Lautsprecher in der Mitte des Raums entlangwandern. In diesem Sinn bewegt sich also nicht nur der Besucher hin zur Musik, sondern die Musik kommt auch zum Besucher – so stellt sich eine strukturelle Beziehung zwischen der Installation und der intrinsischen Konfiguration der Mittelhalle her. Die Klangerfahrung verändert sich mit jedem Standpunkt grundlegend. So fordert die Präsenz der Musik auf non-narrative, aber nichtsdestoweniger klar artikulierte Weise einen neuen Umgang mit dem Raum. Ein Raum, der nun dezentral und zirkulär[18] strukturiert ist und in dem es keine eindeutige Richtungsvorgabe mehr gibt. Diese Struktur, gepaart mit einem von Intimität gekennzeichneten musikalischen Format, fordert die Monumentalität und die Historizität der Mittelhalle auf subtile Weise heraus. Musik und Architektur treten sich in *The Present Moment* als implizit dialektische Elemente gegenüber.

Gerade in der Verbindung von Musik und Architektur lässt sich die Installation zu früheren Arbeiten des Künstlers in Bezug setzen. Das Video *Answer Me* (2008) beispielsweise wurde am Teufelsberg in Berlin-Grunewald aufgezeichnet – einer zur Zeit des Kalten Krieges geheimen militärischen Anlage auf dem gleichnamigen Trümmerberg. Sie wurde vom amerikanischen Militär ab den 1960er-Jahren aufgebaut und bis in die frühen 1990er-Jahre unterhalten, um vermeintlich feindliche Kommunikation im damaligen Ostblock abzuhören. Gedreht hat Anri Sala in einer der auf Entwürfen von R. Buckminster Fuller basierenden und heute weitgehend verfallenen geodätischen Kuppeln, in denen die Abhörstation untergebracht war. Auf den ersten Blick geht es in dem Film um das Ende einer Beziehung: Eine Frau, aus der Kuppel heraus vor dem Hintergrund des Grunewald ins Bild gesetzt, redet mit einem am Schlagzeug sitzenden Mann, der ihre gesprochenen Worte mit furiosem Getrommel erwidert. Ihre Aufforderung zu antworten – „answer me" – wird vom Sound niedergeschmettert, ihre Aussagen, auch das entscheidende „it's over", werden mit Sprachlosigkeit ersetzendem Getöse beantwortet; ein Effekt, der umso drastischer wirkt, als die leere Kuppel einen massiven Hall produziert und damit die Dramatik des Schlagzeugspieles unterstreicht.

Interessant bezüglich der Geschichte des Haus der Kunst und damit für die Auseinandersetzung mit *The Present Moment* – das im Haus der Kunst aufgenommen und gefilmt wurde[19] – ist die Tatsache, dass der Teufelsberg auf dem Gelände der 1937 von Albert Speer geplanten, aber nie über das

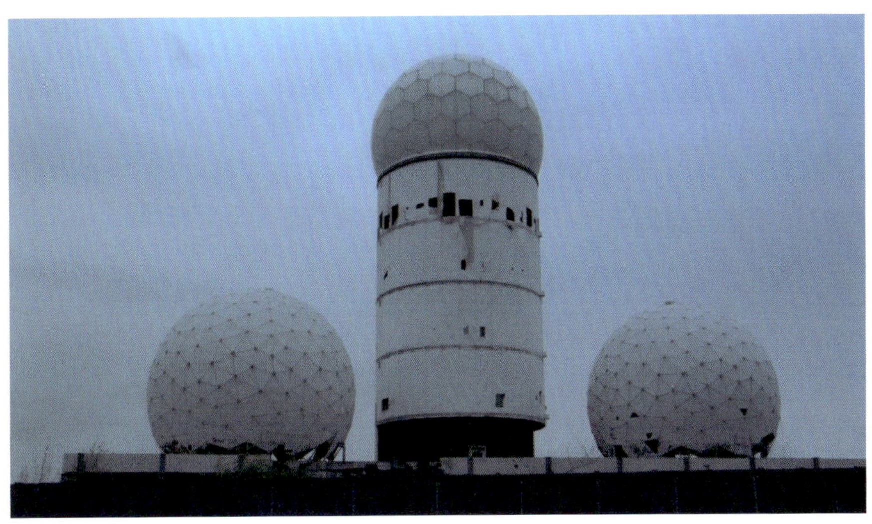

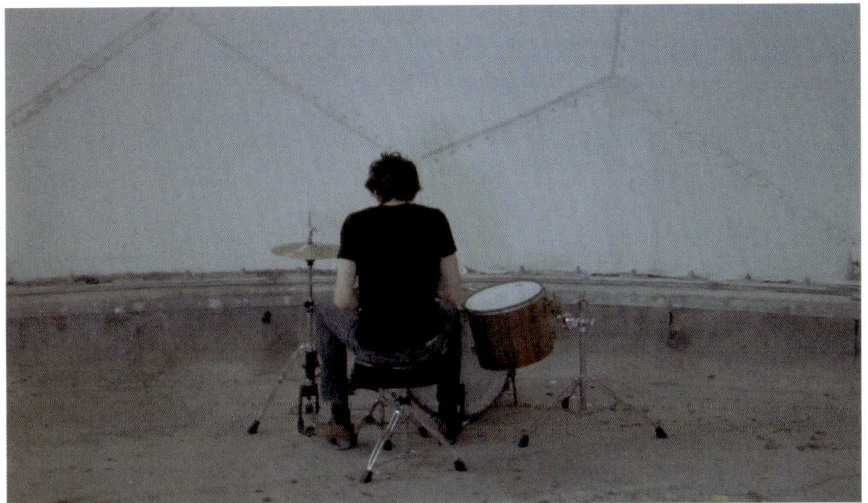

Answer Me, 2008

Rohbaustadium hinausgekommenen Wehrtechnischen Fakultät aufgeschüttet
wurde. Diese sollte Teil der Berliner Hochschulstadt werden und war damit
konzipiert als Baustein der Reichshauptstadt Germania, wie sie Hitler
und Speer ab Mitte der 1930er-Jahre zu realisieren dachten. Wenngleich
durch die Aufhäufung des Trümmerberges unsichtbar gemacht, kehrte die
militärische Logik, die den Ort während des Nationalsozialismus bestimmte,
mit der Umnutzung des Teufelsberges als Abhörstation gleichsam wie ein
Echo wieder [20] – diesmal jedoch im Gewand der Demokratisierung, die das
kapitalistische System in der Nachkriegszeit für sich beanspruchte. Insofern
ist Salas Drehort Produkt und Zeuge des in Folge des Zweiten Weltkrieges
beginnenden Kalten Krieges (der sowohl für Salas Heimatland Albanien
wie auch für seine Wahlheimat Berlin von zentraler Bedeutung ist und zum
Zeitpunkt des Drehs als eine weitere überholte ideologische Konstellation
gelten musste). Die (Un-)Möglichkeit des Zuhörens und Miteinander-
Kommunizierens, die in dem Video durch das verneinende und alles
übertönende Schlagzeug vorgeführt wird, entwickelt vor diesem Hintergrund
eine historische Dimension, die die primäre Erzählebene transzendiert.
Isolation und Unverständnis schreiben sich als politisches Narrativ in diese
Arbeit ein.

Projiziert man dies wiederum auf die Präsentation von *The Present Moment* im
Haus der Kunst, stellt sich die Frage nach der Einbettung eines historischen
oder politischen Subtextes in ganz direktem Sinn. Die ehemalige Ehrenhalle
des Haus der Kunst hat im Laufe der Jahre eine Vielzahl von Arten der
Auseinandersetzung mit ihrer historischen Vergangenheit erfahren,
die lange Zeit – nicht unähnlich der Geschichte des Teufelsberges – die
ursprüngliche Funktion dieses zentralen Ortes im Gebäude eher verdeckten
und verschleierten als direkt ansprachen.[21] Erst in den vergangenen zehn
Jahren ist die Architektur der Halle schrittweise wieder freigelegt worden
und hat 2012, nicht zuletzt mit der Einführung von DER ÖFFENTLICHKEIT –
VON DEN FREUNDEN HAUS DER KUNST, ihr ursprüngliches Erscheinungsbild
zurückerlangt. Hiermit hat sie wieder eine Präsenz entfaltet, die *nicht*
anzusprechen fast unmöglich scheint und die Anri Sala mit seinen minimalen
Interventionen geradezu vorführt.
 Was bedeutet es nun, wenn Anri Sala – wie in dem diesem Text
vorangestellten Zitat – sagt, er sehe seine künstlerische Praxis als „*in situ*, aber
nicht ortsspezifisch" an, und dann später im selben Interview weiter ausführt:
„Ich interessiere mich nicht für ortsspezifische Projekte, aber ich verstehe eine
Ausstellung als situatives Setting; die Ortsspezifik bezieht sich für mich nicht
auf den Ort der Produktion, sondern auf den der Entfaltung, nicht auf den
Ausgangspunkt der Arbeit, sondern auf deren Ziel"?[22] Anri Salas konzeptueller
und räumlicher Ansatz für *The Present Moment* erhält im Zusammenhang mit

dem spezifischen Präsentationskontext, der ehemaligen Ehrenhalle im Haus der Kunst, besondere Resonanz: durch die Wahl eines Musikstückes, das eine völlig andersgeartete Raumvorstellung mit sich bringt; durch die Auflösung der Frontalität des Raumes mittels einer dezentralen und zeitlich gestaffelten Installation; mit einer räumlichen Konzeption, die keinen festen Standpunkt vorgibt, sondern geradezu nach Bewegung und Subjektivität verlangt; aber natürlich auch durch die unwiderrufliche Einschreibung des Aufnahmeortes in den Klang und das Bild der Installation. All dies sind Wege, die Architektur mit ihrer Geschichte auf implizite Weise anzusprechen, sie geradezu spürbar zu machen, ohne dass sie jedoch zum Inhalt der Installation selbst wird, deren interne Struktur davon unberührt bleibt. Gerade in dieser Gegenüberstellung von *The Present Moment* mit der Architektur und der Geschichte des Haus der Kunst gewinnt die Präsentation ihre spezifische Qualität – eine Qualität, die sich als kontextbewusst, aber nicht ortsspezifisch beschreiben lässt.

1 Anri Sala in: „Hans Ulrich Obrist in Conversation with Anri Sala", in: Mark Godfrey, Hans Ulrich Obrist und Liam Gillick, *Anri Sala*, Phaidon Press, London 2006, S. 19.

2 Siehe hierzu Sabine Brantl, „Zur Geschichte der ehemaligen ‚Ehrenhalle'" in vorliegender Publikation.

3 Siehe hierzu Peter Szendy, „Wenn das Ohr eine Biegung erfährt (Notizen einer Reise in die Gegenwart mit Anri Sala)" in vorliegender Publikation.

4 Seine Auseinandersetzung mit klassischer Musik materialisierte sich erstmals in dem Film *1395 Days without Red* (2011), dessen Narrativ sich parallel zu einer Probe des Symphonieorchesters Sarajevo von Tschaikowskis Symphonie *Pathétique* (op. 74) entwickelt. Am prominentesten entfaltete sie sich bisher in Anri Salas Projekten *Ravel, Ravel* und *Unravel* (beide 2013) für den Französischen Pavillon auf der Biennale von Venedig 2013, als deren Extrapolation sich *The Present Moment* verstehen lässt.

5 Laura Moretti, „Built Architecture for Music. Spaces for Chamber Music in Sixteenth-Century Italy", in: Tim Sheppard und Anne Leonard, *The Routledge Companion to Music and Visual Culture*, Routledge, New York und London 2014, S. 282.

6 Zit. nach: Michael Custodis, *Musik im Prisma der Gesellschaft*, Internationale Hochschulschriften, Bd. 520, Waxmann Verlag, Münster 2009, S. 279, Anm. 807.

7 Anri Sala im Gespräch mit der Autorin, 17. Oktober 2014.

8 Exzerpt aus Arnold Schönbergs Ausführungen zu *Verklärte Nacht* in der *Deutschen Tonkünstler-Zeitung* vom 21. Oktober 1902, online abgerufen unter: http://www.schoenberg.at/ index.php?option=com_content&view= article&id=173&Itemid=347&lang=de (28. Oktober 2014).

9 Da der konkrete Inhalt des Gedichts für Salas Überlegungen keine Rolle spielte, sei lediglich darauf verwiesen, dass der Text ebenfalls online verfügbar ist; ebd.

10 Anri Sala im Gespräch mit der Autorin, 6. November 2014.

11 Anri Sala in: Louisiana channel, „Anri Sala – music before language", online abgerufen unter: http://channel.louisiana. dk/video/anri-sala-music-language (28. Oktober 2014).

12 Anri Sala in: la Biennale di Venezia Channel, „Biennale Arte 2013 – France", online abgerufen unter: http://www. youtube.com/watch?v=foBKIlq_fPU (28. Oktober 2014).

13 Die Lichtsituation kann jedoch insgesamt als gedämpft beschrieben werden. Als Besucher wird man nicht, wie in der Installation von Haegue Yang an selber Stelle, mit gleißendem Licht konfrontiert, sondern mit einem sanft erhellten Raum.

14 Zu den Phasen siehe im Beitrag von Peter Szendy S. 59, 64.

15 Sala zeigte dort seine Videos *Ghostgames* (2002), *Dammi i colori* (2003), *Mixed Behaviour* (2003), *time after time* (2003) und *Làk-kat* (2004) sowie im Außenraum *No Formula One, No Cry – Taxi* (2001).

16 „[O]rtsspezifische Kunst betrachtete den jeweiligen Ort ursprünglich als echten Schauplatz, als greifbare Realität, deren Identität sich aus einer einmaligen Kombination physischer Elemente ergab: Länge, Tiefe, Höhe, Oberfläche und Form von Wänden und Räumen; Größe und Proportion von Freiflächen, Gebäuden oder Parks; vorhandene Licht- und Luftverhältnisse, Straßenverkehr; charakteristische topografische Gegebenheiten und so weiter. […] Ortsspezifische Kunst in ihrer frühesten Ausformung konzentrierte sich also darauf, eine untrennbare Beziehung zwischen dem Kunstwerk und seinem Schauplatz herzustellen und die Komplettierung der Arbeit erforderte die physische Gegenwart eines Betrachters." Miwon Kwon, „Genealogy of Site Specificity", in: dies., *One Place after Another – Site-Specific Art and Locational Identity*, The MIT Press, Cambridge, MA 2002, S. 11f.

17 Mark Godfrey, „Articulate Enigma: The Works of Anri Sala", in: Godfrey/Obrist/ Gillick 2006 (wie Anm. 1), S. 95.

18 Die Positionen werden in folgender Reihenfolge bespielt: Zunächst erklingt Position *T*, gefolgt von einer Kombination aus *A* und *B*; im Anschluss daran sind

B und *D* gemeinsam zu hören, und
zuletzt erklingen *D* und *A* parallel,
wobei die Klänge in *D* den Klängen
in Position *A* um eine halbe Sekunde
vorangehen. Mit der letzten Phase führt
Sala die Installation also zurück auf ihren
Ausgangspunkt – die *Verklärte Nacht* in
ihrer Originalfassung – und schließt
damit den Kreis der Übersetzungen
und Transpositionen, der er die
Originalpartitur für *The Present Moment*
unterworfen hat. Vgl. den Beitrag von
Peter Szendy in vorliegender Publikation.

19   Der bildhafte Teil der Installation,
namentlich der Film und die ihm
entsprechenden Tonspuren, wurde
im Haus der Kunst aufgenommen;
die übrigen Tonspuren der Installation
wurden in den Bavaria Musikstudios
in München aufgezeichnet. Siehe
hierzu auch die „Production Credits"
in vorliegender Publikation.

20   Das Echo des Schlagzeugs erscheint
in diesem Zusammenhang geradezu
symbolisch.

21   Siehe Sabine Brantl, „Zur Geschichte
der ehemaligen ‚Ehrenhalle'" in
vorliegender Publikation.

22   Sala 2006 (wie Anm. 1), S. 27.

Notes on *The Present Moment*

PATRIZIA DANDER

If there is a possibility to be in between—*in situ* yet not site specific—
that's where I would position my practice.
Anri Sala [1]

Anri Sala has often emphasized that he does not believe in site-specific
artworks, but rather in a site-specific form of installation and exhibition.
It seems to be at least worth pondering this point against the backdrop of
the invitation to develop a commissioned piece for a space as charged with
historical significance as the former "Ehrenhalle" [Hall of Honor] in Haus der
Kunst. Even today the former Ehrenhalle, the central node in the imposing
National Socialist building which was planned and constructed from 1933
to 1937 as the Haus der Deutschen Kunst [House of German Art],[2] constitutes
the most penetrating embodiment of the load of ideology that permeates this
architecture: with a floor-to-ceiling height of twelve meters, the hall extends
over 800 square meters; the floor is made of red marble, with the space
structured by pillars also clad in red marble, entirely in keeping with Haus
der Kunst's strictly symmetrical neoclassical architectural language. The
hall was previously used for addresses or speeches at openings of the *Große
Deutsche Kunstausstellungen* held in the building between 1937 and 1944, and
to this very day it symbolizes the National Socialists' megalomania and their
plans to extend their ideology to all realms of life—including the fine arts.
Engaging with this is not easy, and although the historical dimension is not
the immediate point of departure for the works commissioned in the series
DER ÖFFENTLICHKEIT – VON DEN FREUNDEN HAUS DER KUNST, it nonetheless
forms the implicit context of any art project in this setting. I shall trace out
below how Sala confronts this space with the sound and video installation
The Present Moment in the spirit of his statement cited at the start of this essay.

The conceptual point of departure for *The Present Moment* is the 1899 string
sextet *Verklärte Nacht* (Op. 4) by Arnold Schoenberg—one of the early works,
still colored by late Romanticism, by this composer who was born in Vienna
in 1874 and has gone down in musical history above all for his subsequent
development of twelve-tone composition. For further information about how
the installation is configured, I would refer readers to Peter Szendy's text in
this catalog, in which he describes the musical transpositions and their spatio-
temporal sequence in the installation in detail.[3] My attention here is focused
on Sala's confrontation with the architecture and its connotations.

As in his most recent films and installations, Anri Sala also used a classical music composition as the starting point for *The Present Moment*.[4] The choice of this composition, as he emphasizes, was above all intuitive. However, he felt that it was important to choose a piece of chamber music, and thus a genre originally conceived for a small ensemble of musicians and for intimate spaces. As architectural historian Laura Moretti writes, "The performance of music in rooms of quite small size, mainly in private houses, before an audience of limited size, was a common practice in Italy in the mid-sixteenth century, and even before.... One of the most important elements in chamber music is in fact the social dimension: the pleasure of making music in a domestic or semi-public environment with friends and relatives."[5] One of the best known remarks on chamber music is from Johann Wolfgang von Goethe, who said of the string quartet: "One hears four rational people conversing with one another and believes to gain something from their discourse while learning the peculiarities of the instruments."[6] This conversation-oriented genre, with its aspiration to foster individual expression, stands in clear contrast to the frontal, hierarchical arrangement of Haus der Kunst's Ehrenhalle, which was used first and foremost for propaganda activities in the museum's early years. By choosing a string quartet, Sala not only introduces a qualitatively different form of exchange into the historical context, but also adds a downright diametrically opposed spatial logic—a contrast articulated pithily by the artist: "What you see is a hall; what you hear is a chamber."[7]

Schoenberg wrote of *Verklärte Nacht* in 1902: "In the composition for Richard Dehmel's poem 'Verklärte Nacht' I was guided by my intention to try out in chamber music those new forms that have come into being in orchestral music by taking a poetic idea as the basis. Whereas the orchestra reveals, as it were, the epic-dramatic form of sound-poetic creation, chamber music can represent its lyrical or lyrical-epic form."[8] As the basis for his composition, Schoenberg picked a poem telling a love story;[9] its dramatic thrust is reflected in the complex compositional conception of the piece with its numerous chromatic displacements. Schoenberg was thereby attempting to create a kind of program music in the chamber music genre, that is, seeking to transpose a specific lyrical narrative into music.

There is an interesting parallel here to Sala's own sound and video works, which often refrain from using language. Doubts about linguistic expressive possibilities, or rather an awareness of the limitations of such options, are already hinted at in his earliest works, such as *Intervista* (1998). The video evolved from a 16mm film reel that the artist stumbled upon while moving house. The film footage showed his mother, Valdet, being interviewed at a Youth Congress of the Communist Party of Albania. The film had no sound, however, and Sala only managed to decipher his mother's responses with

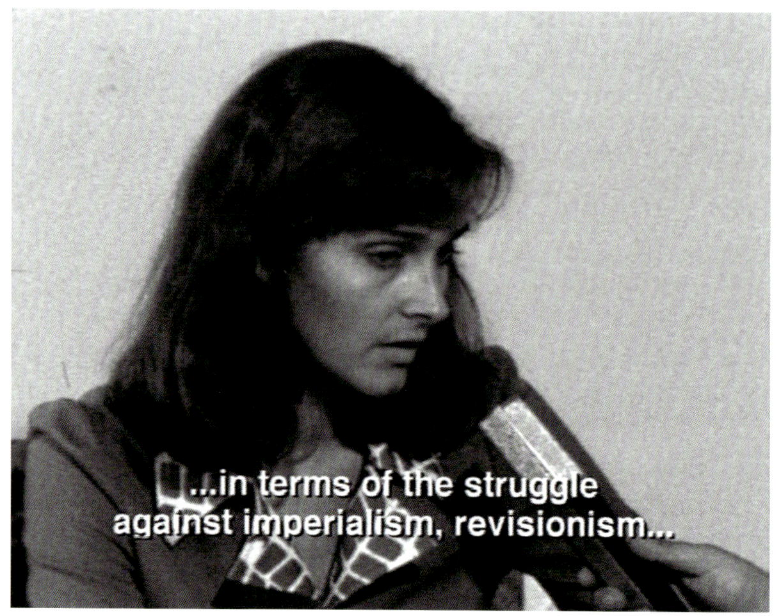

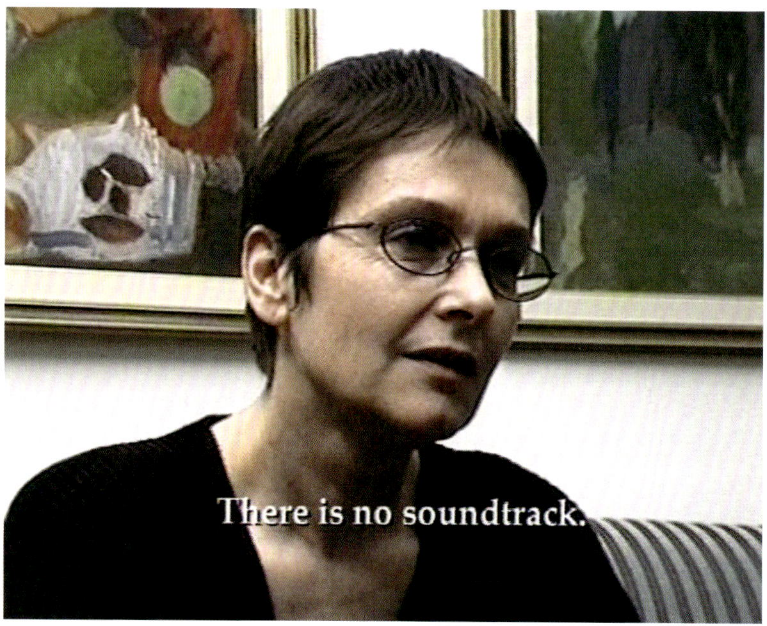

Intervista, 1998

the assistance of a lip-reader from a school for the hearing impaired. Her answers turned out to be an ardent speech lauding the communist regime. With hindsight, his mother felt the speech was rhetorically confused and hollow (although she still advocates the idea that societal and communitarian concerns should be prioritized over individual ones). "We lived in a deaf and dumb system in which we only talked with one mouth and one voice," as she puts it in the film. In a system in which criticism or dissenting opinions are not tolerated, language and its expressive force are also corrupted—or are at least coerced into a rhetoric and syntax[10] that ultimately tarnish the content.

This awareness runs through many of Anri Sala's works and makes his dwindling interest in the spoken word understandable: "Communication does not necessarily need to go through narration or verbal communication.… Language … is less and less present in my work."[11] It is replaced by the increased presence of sound and music: "I am interested in music … it enables me to influence and affect the perception, without telling it, without producing a narrative.… [Music is] rather pre-narrative, in the sense that it does not tell, it does not frame, but it opens towards something, affecting without telling."[12] This thought also holds true for the installation at Haus der Kunst.

The Present Moment is more than just a one-channel video and nineteen-channel sound installation. In order to offer visitors a direct experience of the installation's internal logic, Sala incorporates the entire hall into the choreography, for a rigorous spatial configuration also accompanies the acoustic and visual levels of *The Present Moment* (see p. 57). As Sala has Schoenberg's original score and his own "extracts" from the piece resound around different locations in the Middle Hall, the visitor is given a chance to understand the conceptual stages as distinct localized units. The sounds can be heard in the different positions in the hall at different points in time—with at most two locations playing simultaneously—, which on the one hand contributes to revealing the steps of musical transposition and on the other hand highlights the cross-references between the various scores.

However, the way in which Sala lays claim to the space extends beyond the spatio-temporal unfolding of the installation's audio-visual stages—although the installation per se can be described as very reduced in physical terms: two segments of a circle, each with six loudspeakers, are visible at the entrance and at the far right end of the Middle Hall. Four individual loudspeakers also sketch out an arc, gently inclined to the right, while three additional loudspeakers are placed above or below a projection surface which is set up on the left in the rear section of the Middle Hall, behind the pillars (as if excluded from the space). It is not only the soundtracks filling the entire volume of the space that allow Sala to take possession of the hall so comprehensively, but also tangible interventions in the structural but non-architectonic elements of the space. The lighting tracks have been moved downward—they now hang level with the door lintels—thus focusing attention on how the space is configured and evoking a sense of concentration. In addition, the individual phases of the installation are linked to different lighting situations: *The Present Moment* begins with all the lights turned on;[13] when the second phase begins,[14] the lights are dimmed; and in the last two phases of *The Present Moment*, a video is the determining element and becomes the installation's principal source of illumination, with all the other lighting switched off.

Interventions such as this influence and heighten the spatial experience. This can be said of *The Present Moment* in a very literal sense. For not only does the Middle Hall become the central protagonist during the half-hour pause between each cycle, but the screen, partly hidden behind the pillars, seems to be there exactly to highlight the pillars' very presence. This approach of exhibiting the space as such has recurred over and over again in Sala's presentations since the exhibition *Entre chien et loup* [*When the Night Calls it a Day*], organized in 2004 by the Musée d'Art moderne de la ville de Paris off-site in the Couvent des Cordeliers, a former monastery. Sala deployed artificial computer-controlled light to conjure up a kind of permanent twilight, an atmospheric pendant to the works shown in the exhibition, which were shot exclusively at night.[15] As British curator and critic Mark Godfrey put it, Sala thus picked up on a specific strand in art from the 1960s (which is also the period in which the first definitions of site-related work were developed[16]): "Sala returned to the sculptural concerns of Minimalist artists such as Robert Morris, insisting on the viewers' phenomenological encounter with the work, making them aware of their bodily movements in the place of viewing, and of the scale of their bodies in relation to that of the images. These concerns are not a kind of add-on to his practice, though; they tally completely with his continual investigation of point-of-view."[17]

The choreography of *The Present Moment* also conveys this kind of physical pathway into the work. Through the soundtracks that come into play in a defined sequence (see pp. 72–75), the viewer is invited to move through the four positions in the installation and to linger there—a modus operandi that might, at first sight, seem to challenge the Middle Hall's nature as a transitional space (which nowadays affords access to the three main exhibition areas, the archive gallery, and the bookshop, as well as connecting the north and south sides of the building). At the same time, the migratory nature of the music is put to the fore with the sounds of the opening score of the installation that wander through the space along the four central speakers. In this sense, it is not only the visitor moving toward the sound, but also the sound moving toward the visitor, willfully establishing a structural connection between the installation and the Middle Hall's intrinsic configuration. The auditory

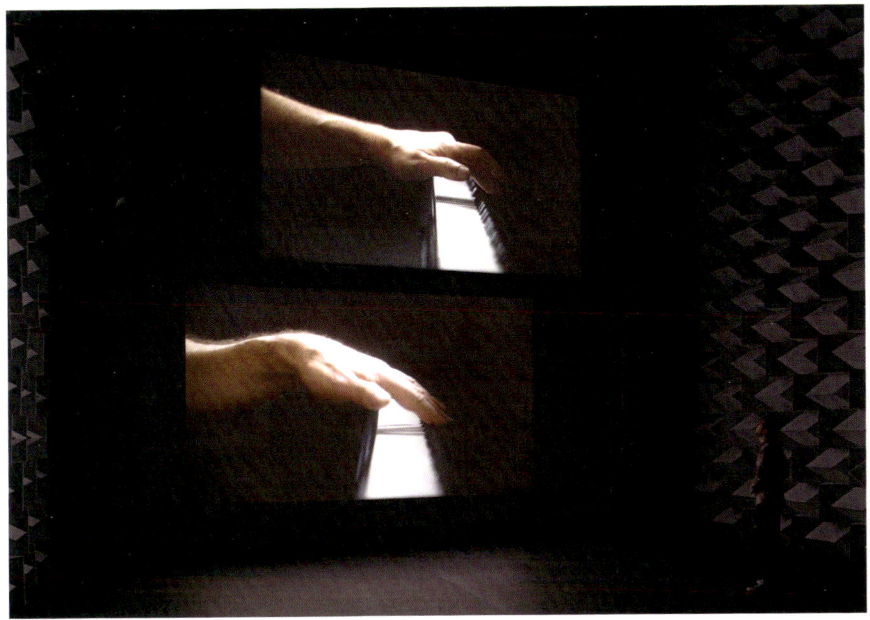

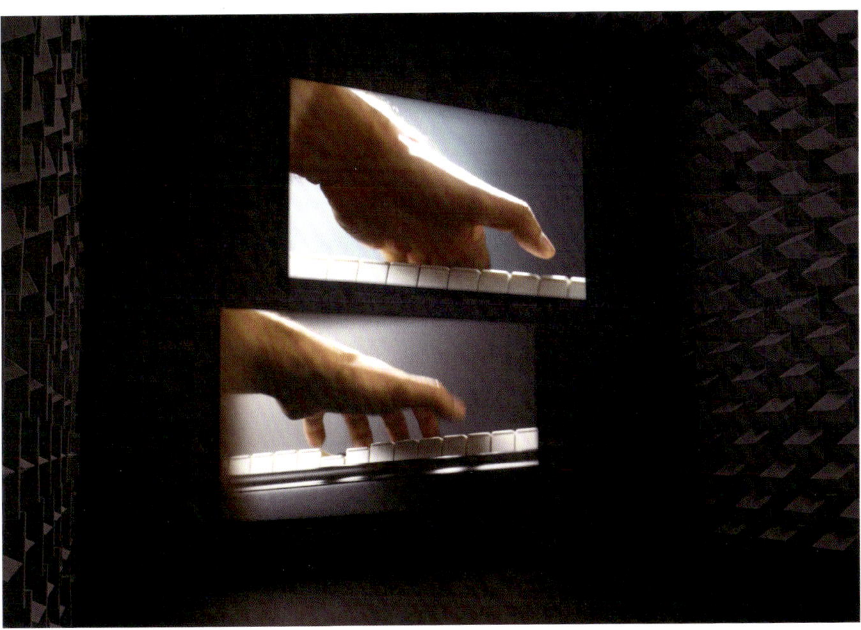

Ravel, Ravel, 2013
Installationsansichten *Ravel Ravel Unravel*, Französischer Pavillon, 55. Biennale von Venedig, 2013 /
Installation views, *Ravel Ravel Unravel*, French Pavilion, 55th Venice Biennale, 2013

experience changes fundamentally in each location. In a non-narrative, yet nonetheless clearly articulated mode, the presence of the music thus fosters a new way of relating to the space, which is now given a decentralized and circular structure[18] without any clear directional prompts. This structuring, coupled with a musical format characterized by intimacy, subtly challenges the Middle Hall's monumentality and historicity. Music and architecture appear in *The Present Moment* as implicitly dialectic elements.

It is precisely this combination of music and architecture that offers scope to establish a link between this installation and earlier works by the artist. The video *Answer Me* (2008), for example, was recorded at Teufelsberg in Berlin-Grunewald, a Cold War-era secret military installation on the eponymous rubble mound. Developed by the American army from the 1960s on, it was operational until the early 1990s to eavesdrop on supposedly hostile communications in what was then the Eastern Bloc. Anri Sala filmed in the building that once housed the surveillance station, a now largely derelict geodesic dome inspired by R. Buckminster Fuller's designs. At first glance, the film is about the end of a relationship. A woman is portrayed against the backdrop of a view out of the dome with the Grunewald in the background, talking to a man sitting at a drum kit, who responds to her words with frenzied drumming. Her demand that he reply—"answer me"—is crushed by the sound. A crashing din, substituting for speechlessness, comes in response to everything she says, including the decisive "it's over." This effect is rendered all the more forceful by the massive reverberation produced by the empty cupola, underscoring the drama of the drumming.

It is interesting to note in the context of Haus der Kunst's history—and therefore also when engaging with *The Present Moment*, which was recorded and filmed in Haus der Kunst[19]—that the Teufelsberg rubble was piled up on the grounds of the Wehrtechnische Fakultät [Faculty of Military Technology]. Albert Speer drew up the plans for this building in 1937, but only the shell was constructed. Conceived as one component of the Reichshauptstadt Germania [Reich Capital Germania] that Hitler and Speer planned to build from the mid-1930s, it was supposed to be part of Berlin's university campus. Although the military logic that determined this locus during National Socialism was rendered invisible when the mound of debris was heaped up there, it resurfaced like an echo with Teufelsberg's repurposing as a communication intercept station[20]—this time, however, in the mantle of democratization to which the capitalist system laid claim in the postwar period. In this regard, Sala's shooting location is the product of and a testament to the postwar Cold War era (this period was of crucial importance both for Sala's homeland, Albania, and for his chosen home, Berlin, yet at the time of shooting could be viewed only as another outdated ideological constellation). Against this backdrop, the (im)possibility of listening

to and communicating with each other, performed in the video through
the negating drumming that drowns out everything else, develops
a historical dimension that transcends the primary narrative level. Isolation
and incomprehension are inscribed into this work as a political narrative.

If the ideological dimension of architecture is then projected back onto the
presentation of *The Present Moment* in Haus der Kunst, the question of the
embedding of a historical or political subtext arises with direct immediacy.
Haus der Kunst's erstwhile Ehrenhalle has experienced a host of different
modes of engagement with its historical past over the years, which—not
dissimilarly to the history of Teufelsberg—tended to cover up and conceal
the original function of this central locus in the building rather than address
it directly.[21] Only in the last ten years has the hall's architecture been
uncovered and taken on its original appearance, not least through the
introduction of DER ÖFFENTLICHKEIT – VON DEN FREUNDEN HAUS DER
KUNST in 2012. As a consequence, this space has once again developed a
presence which seems almost impossible *not* to address, and which Anri
Sala precisely brings to the fore with his minimal interventions.

What then does it mean when Anri Sala—as in the quotation set at the
start of this text—says that he sees his artistic practice as *"in situ*, but not
site-specific," going on to explain in more detail later in the same interview:
"I'm not into site-specific projects, but I consider an exhibition a situative
setting, the site-specific place for me being not the place of production but
the one of deployment, not the source of the work but its target"?[22] Sala's
conceptual and spatial approach for *The Present Moment* assumes a particular
resonance in connection with the specific context of its presentation, the
former Ehrenhalle at Haus der Kunst: through the choice of a piece of music
imbued with an entirely different conception of space; by breaking down
the space's frontality by means of a decentralized and time-staggered
installation; with a spatial concept that does not prescribe a fixed vantage point
but instead demands movement and subjectivity; but of course also through
the irrevocable inscription of the site of the recording of image and sound into
the installation. These are all ways to implicitly address the architecture, along
with its history, to make it palpable, even, yet without turning this into the
subject matter of the installation as such, for these concerns do not impinge
on the installation's internal structure. It is precisely in this confrontation of
The Present Moment with the architecture and history of Haus der Kunst that
the presentation attains its specific quality—a quality that could be described
as context-aware but not site-specific.

1 Anri Sala in "Hans Ulrich Obrist in Conversation with Anri Sala," in Mark Godfrey, Hans Ulrich Obrist, and Liam Gillick, *Anri Sala* (London: Phaidon Press, 2006), p. 19.

2 On this point see Sabine Brantl, "On the History of the Former 'Ehrenhalle,'" pp. 83–85 in this publication.

3 See Peter Szendy, "The Bent Ear," pp. 69–79 in this publication.

4 His engagement with classical music first took on tangible form in the film *1395 Days without Red* (2011), where the narrative develops parallel to the Sarajevo Symphonic Orchestra rehearsing Tchaikovsky's Symphony No. 6, *Pathétique*. The most striking examples unfurled in Anri Sala's projects *Ravel, Ravel* and *Unravel* (both 2013) for the French Pavilion at the 2013 Venice Biennale; *The Present Moment* can be understood as an extrapolation of these projects.

5 Laura Moretti, "Built Architecture for Music: Spaces for Chamber Music in Sixteenth-Century Italy," in *The Routledge Companion to Music and Visual Culture*, ed. Tim Sheppard and Anne Leonard (New York and London: Routledge, 2014), p. 282.

6 Quoted in Michael Custodis, *Musik im Prisma der Gesellschaft*, Internationale Hochschulschriften, vol. 520 (Münster: Waxmann Verlag, 2009), p. 279, note 807.

7 Anri Sala in conversation with the author, October 17, 2014.

8 Excerpt from Arnold Schoenberg's comments on *Verklärte Nacht* in the *Deutsche Tonkünstler-Zeitung* of October 21, 1902, available online at: http://www.schoenberg.at/index.php?option=com_content&view=article&id=173&Itemid=347&lang=de (accessed October 28, 2014).

9 As the specific content of the poem did not play a role in Sala's considerations, let me simply point out that the text is also available online; ibid.

10 Anri Sala in conversation with the author, November 6, 2014.

11 "Anri Sala: Music Before Language," *Louisiana Channel*, http://channel.louisiana.dk/video/anri-sala-music-language (accessed October 28, 2014).

12 "Biennale Arte 2013—France," *la Biennale di Venezia Channel*, http://www.youtube.com/watch?v=foBKIlq_fPU (accessed October 28, 2014).

13 However, the overall lighting can be described as subdued. In contrast to the installation by Haegue Yang in the same location, the viewer is not confronted with glaring light, but instead with a gently illuminated space.

14 On the variations, see Peter Szendy, "The Bent Ear," pp. 71, 76 in this publication.

15 Sala showed his videos *Ghostgames* (2002), *Dammi i colori* (2003), *Mixed Behaviour* (2003), *time after time* (2003) and *Làk-kat* (2004) there.

16 "Site-specific art initially took the site as an actual location, a tangible reality, its identity composed of a unique combination of physical elements: length, depth, height, texture, and shape of walls and rooms; scale and proportion of plazas, buildings, or parks; existing conditions of lighting, ventilation, traffic patterns; distinctive topographical features, and so forth…. Site-specific work in its earliest formation, then, focused on establishing an inextricable, indivisible relationship between the work and its site, and demanded the physical presence of the viewer for the work's completion." Miwon Kwon, "Genealogy of Site Specificity," in: Kwon, *One Place after Another: Site-Specific Art and Locational Identity* (Cambridge: MIT Press, 2002), pp. 11–12.

17 Mark Godfrey, "Articulate Enigma: The Works of Anri Sala," in: Godfrey, Obrist, and Gillick, *Anri Sala*, p. 95.

18 Sounds can be heard in the various locations in the following sequence: first comes position *T*, followed by a combination of *A* and *B*; subsequently, *B* and *D* are audible together and finally *D* and *A* can be heard in parallel, with the sounds in *D* played half a second before the sounds in position *A*. With the last "variation" Sala thus takes the installation back to its starting point—the original version of *Verklärte Nacht*—and thus closes the loop of translation and transpositions to which he subjected the original score of *The Present Moment*. See Peter Szendy, "The Bent Ear."

19 The most visual part of the installation, namely the film and its corresponding

audio tracks, was recorded at Haus
der Kunst; the other soundtracks
of the installation were recorded
at the Bavaria Musikstudios in Munich.
See the "Production Credits" on
p. 91 of this publication.
20   The echo of the drum seems highly
symbolic in this context.
21   See Sabine Brantl, "On the History
of the Former 'Ehrenhalle,'" in
this publication.
22   Anri Sala in "Hans Ulrich Obrist in
Conversation with Anri Sala," p. 27.

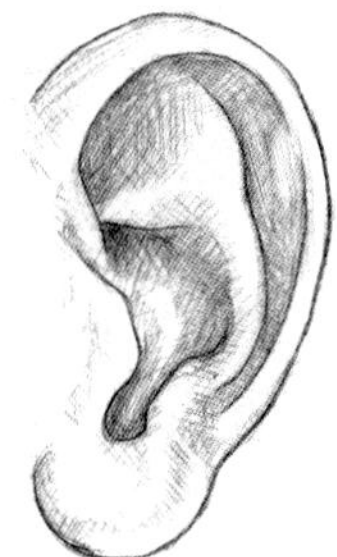

Gefundene Zeichnung eines Ohres / Found drawing of an ear

Wenn das Ohr eine Biegung erfährt
(Notizen einer Reise in die Gegenwart mit Anri Sala)

PETER SZENDY

Nach einem Treffen, bei dem mir Anri Sala eine – noch vorläufige – Fassung von *The Present Moment* gezeigt hatte, gingen wir gemeinsam die Straße hinunter (es war in Paris, im August letzten Jahres) und steuerten entschlossen auf das Café zu, in dem wir noch ein bisschen plaudern wollten, als er plötzlich einen Schlenker machte – *il fit un coude*, wie man im Französischen sagt, um zu bezeichnen, dass etwas plötzlich von seiner geradlinigen Bahn abweicht und ihr eine Biegung verpasst, ihr einen unerwarteten Winkel einprägt, der sie anderswohin führt.

In seinem *Reisetagebuch aus Ägypten* erinnert sich Flaubert, wie er eines Tages vor ägyptischen Palmen stand und sich gezwungen sah, einen Umweg zu machen: „Dienstag, den 28. Mai, Dendara. – Hain von Dumpalmen mit hohem Gras; wir müssen *eine Biegung* nach rechts *machen* [*faire un coude sur la droite*].“ [1]

Faire un coude [„eine Biegung/einen Knick machen“], das sagt man im Französischen auch von einem Weg oder einem Ding, zum Beispiel einem Rohr oder Schlauch, dessen Form einen (rechten) Winkel beschreibt. Das Verb *couder* kann in seinem pronominalen beziehungsweise reflexiven Gebrauch (*se couder*) anzeigen, dass ein Fluss von seinem Lauf abweicht. In einer anderen – diesmal transitiven – Wendung kann man auch von einem mehr oder weniger biegsamen Gegenstand sagen: *le couder*, ihn biegen.

Was Anri von unserem Weg abbiegen ließ, war kein Wald wie bei Flaubert, sondern eine Buchhandlung. Er tauchte kurz in ihr ab, um mir einen Text von Kleist zu schenken, *Über das Marionettentheater*, in dem ihn, wie er mir sagte, ein Satz sogleich gefesselt hatte – und zwar der folgende: „die Seele sitzt ihm gar […] im Ellenbogen [frz. *coude*]“. [2]

Hier ist es nicht wichtig, um wen oder was es an dieser Stelle dieses faszinierenden Prosatextes geht. Denn was Anri offensichtlich frappierte, war eine Art unvermuteter Entsprechung zwischen dieser Formulierung und dem, was er gerade filmte (und was ich kurz zuvor erstaunt betrachten konnte): In dem Film, der am Ende seiner Installation *The Present Moment* gezeigt wird (das heißt am äußersten Punkt jenes Weges, dem sowohl der Besucher als auch die Musik folgen), sind nämlich vor allem Ellenbogen zu sehen. Die Ellenbogen der Instrumentalisten, die, indem sie mit ihrem *Bogen* spielen, ihn ziehen und streichen, mit ihm arbeiten, eine *artikulatorische* Anstrengung unternehmen, um die ihnen zufallenden Töne zu phrasieren.

Ihre Seele – oder die Seele der Musik – findet sich in der *articulation*, die sie den Tönen einprägen, im doppelten phraseologischen und physiologischen Sinne dieses französischen Wortes [„Artikulation" und „Gelenk"]: Sie findet sich in dieser Phrasierung, die das musikalische Spiel mit Hilfe des Kugelgelenks artikuliert, das die Beuge ihres Ellenbogens darstellt. Lateinisch *articulus* bringt beides zum Ausdruck: sowohl das Körperglied als auch das Glied oder die Gliederung des Satzes [*phrase*[3]]. Ja sogar, in einer dritten Bedeutung, die für uns hier wichtig werden wird: den entscheidenden Moment oder Augenblick, den kritischen Punkt.

Was also tut Anri[4] in *The Present Moment*? Was biegt er, was erfährt durch ihn eine Biegung [*il coude*] auf jenem Weg, den er der wunderbaren Partitur von Schönberg einprägt – denn ebendarum handelt es sich: das Streichsextett *Verklärte Nacht* –, um sie buchstäblich um-zuleiten, indem er sie neu erfindet? Welcher merkwürdigen Krümmung unterzieht er sie, indem er sie in einem Raum aufführt, der derart mit Geschichte aufgeladen ist wie das Haus der Kunst in München, das von 1933 an erbaut wurde – ebenjenem Jahr, in dem Schönberg Deutschland verließ –, um zuallererst das zu beherbergen, was der Nationalsozialismus eine „Große Deutsche Kunstausstellung" nennen sollte?

Doch zweifellos ist es nicht nur die Musik Schönbergs, die hier eine gewisse Krümmung erfährt. Denn die Biegung, um die es in *The Present Moment* geht, könnte genauso gut die des Ohres sein, der Hörorgane oder der Ohrmuschel dessen, der – wie Sie und ich – zuhört und zuschaut. Eine Vorahnung davon hatte ich gleich, als ich den Plan der Installation sah, der den Besucher dazu einlädt, eine außergewöhnliche akustische Bahn zu durchlaufen, die von Lautsprechern vorgezeichnet wird: Sechs davon hängen in einem konkaven Halbkreis am Eingang der Halle (*A*), vier weitere reihen sich aneinander und beschreiben einen weiten Bogen (*T*), der wiederum in einen, zum ersten symmetrischen, Halbkreis mündet (*B*); schließlich kommt man, diesem gegenüberliegend, vor einer Leinwand zum Stehen (*D*), die das Ende dieser Hör-Reise bildet. Die Linienführung eines solchen Parcours kann durchaus an die deformierte Form eines Ohres denken lassen, das sich dem rechtwinkligen Raum der Halle, ihn überblendend, einzuschreiben scheint.

Bevor wir dort angelangen, müssen wir jedoch hören, was mit Schönbergs Musik geschieht, während sie in die Mäander und Windungen dieser Reise im Raum fortgetragen wird, die sich auch als eine Reise in der Zeit erweist.

Als Schönberg 1899 *Verklärte Nacht* komponierte, war er 25 Jahre alt. Bei der Uraufführung 1902 ist das Werk schlecht aufgenommen worden, wie der Komponist selbst berichtet: „[…] die Leute sagten: ‚Es klingt, als ob ein Orchester, das Wagners *Tristan und Isolde* spielt, verwirrt worden und auseinandergekommen wäre.'"[5] Auch wenn das Stück seinen ersten Hörern als chaotisch erschienen sein mag, *Verklärte Nacht* ist noch weitgehend tonal

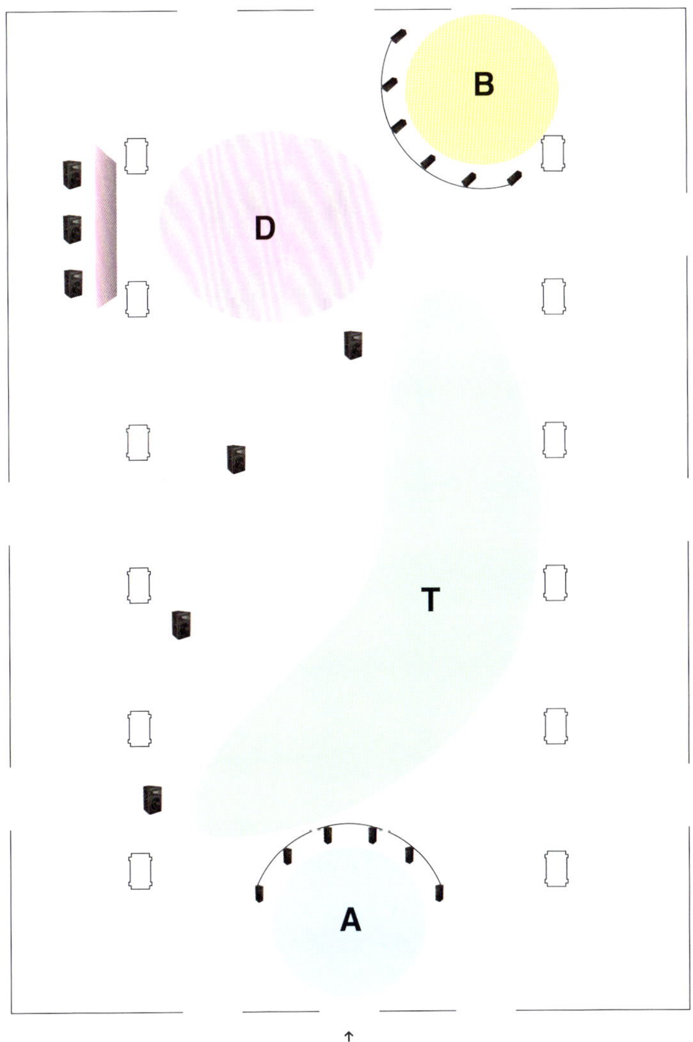

Räumliche Anordnung der Lautsprecher und Projektion von *The Present Moment (in D)* im Haus der Kunst / Physical layout of speakers and projection of *The Present Moment (in D)* at Haus der Kunst

komponiert: keine Spur von Zwölftonmusik, mit welcher der Name Schönberg später verbunden werden sollte.

Gleichwohl sind es die Prinzipien der Zwölftonmusik, die Anri auf ein Sextett *rückblickend anwendet* beziehungsweise *zurückbiegt*, das ihnen noch nicht gehorchte, das sich ihnen noch nicht beugte.

Was heißt das?

Wir müssen uns hier die Zeit nehmen, der Odyssee von *Verklärte Nacht* durch Räume und Zeiten Schritt für Schritt zu folgen. Aus den sechs Stimmen des Schönberg-Sextetts, die jeweils über einen der sechs Lautsprecher am Eingang ertönen (*A*), filtert und nimmt Anri jeden Ton heraus, der wiederholt wird, bevor nicht auch die elf anderen, die mit ihm die komplette chromatische Reihe bilden, ihrerseits erklungen sind. Er lässt also nur jene Töne zu den vier folgenden Lautsprechern (*T*) durch, die dem Zwölftongesetz gehorchen, das Schönberg später formulieren wird, das heißt dem Verbot der Wiederholung, bevor die Reihe vollendet ist.[6] Indem sie im Raum einen Umweg nimmt (von *A* nach *T*), wird Schönbergs Musik nunmehr sozusagen in der Zeit gebogen [*coudée*], in Richtung dessen, was sie sein wird, aber noch nicht ist. So als würde sie sich selbst neu lesen, neu schreiben, neu arrangieren oder adaptieren, ausgehend von der Biegung ihrer Zukunft, im Namen eines zukünftigen Schönberg.

Diese andere Schönberg'sche Musik wird also, aufgespannt zwischen ihrer Vergangenheit und ihrer Zukunft, in eine schwindelerregende Projektionsbewegung fortgerissen: So als wäre sie in einem Teilchenbeschleuniger gefangen, breitet sie sich entlang dieser Biegung (*T*) aus, um schließlich zu jenem Halbkreis aus sechs Lautsprechern zu gelangen, die den Staffelstab für die nächste Etappe ihres Parcours übernehmen (*B*). Dort wartet eine weitere Metamorphose auf sie: Jeder Ton der Partitur des Sextetts, der das Sieb der Dodekaphonie durchlaufen hat, wird nun so lange wiederholt, bis der nächste ankommt. Erneut umgeschrieben, macht Schönberg weitere Sprünge in der Zeit, er wird noch stärker gebogen und klingt nun bisweilen wie ein dissonanter Steve Reich.

Am Ende dieses verrückten Weges wird *Verklärte Nacht*, in der Fixierung auf die abschließende Leinwand (*D*), durch eine letzte Filterung auf die Wiederholung einer einzigen Note reduziert. Von Schönbergs Partitur, die mittlerweile dreimal gefiltert wurde, bleiben nur die D's, wobei ein jedes in seinem ursprünglichen Rhythmus wiederholt wird, bis es vom nächsten, das eine andere rhythmische Gestalt besitzt, abgelöst wird.[7] Die Musik erstarrt in ihrer Bewegung: Sie scheint an ihre eigene Wiederholung festgenagelt, mit ihr verschraubt zu sein.

In seiner Präsentation von *The Present Moment* resümiert Anri diese Reise wie folgt: Die dem Schönberg-Sextett entnommenen Töne und musikalischen Gesten „treiben durch den Raum, als seien sie aus dem Gesamtkörper der

Musik ausgestoßen worden"; sodann, am Ende des Weges, „ballen sie sich
dort zusammen und spielen in Wiederholung, als seien sie in einer Sackgasse
gefangen, in einem Raum kondensierten akustischen Gedächtnisses".

So sieht das Prinzip, der Plan dieses umfassenden Dispositivs einer Biegung
der Musik und ihres Hörens aus. Das ist sein *modus operandi*, oder besser:
sein *modus plicandi*.[8] Wenn man aber hindurchgeht, wenn man sich seiner
Erfahrung [*expérience*] unterzieht (ein Wort, in dem es, wie Philippe Lacoue-
Labarthe in Erinnerung ruft, das lateinische *ex-periri* zu vernehmen gilt,
das „Durchlaufen einer Gefahr", eines *periculum*[9]), teilt sich das Dispositiv
in verschiedene Schichten. Die diversen Positionen – von *A* bis *D* –, die
verschiedenen Stationen dieser Reise durch Raum und Zeit, folgen nicht
nur aufeinander: Sie überlagern sich.

Anri hat die Phasen dieses Klangteilchenbeschleunigers nämlich
sorgfältig komponiert, dessen Ziel in Wirklichkeit eher darin besteht, *das
Hören zu verlangsamen*, indem er es dazu bringt, sich selbst zu erfahren –
entlang eines Weges, der voll und ganz auf das Versprechen eines schließlich
gegenwärtigen Augenblickes ausgerichtet ist, jenes *present moment*, der sich
vielleicht – vielleicht – am Ende der Reise und ihrer Biegungen einstellen
wird [*se présentera*].

Es gibt da, ein bisschen so wie in einer Symphonie, vier Sätze beziehungsweise Bewegungen [*mouvements*].

1. Zunächst sind die vier Lautsprecher des Bogens *T* zu hören: Langsam
oder rasch aufblitzende Musiksplitter oder Klangfunken durchziehen
den Raum und verteilen sich in ihm. Woher kommen sie, wohin gehen
sie? Wir wissen es noch nicht. Vielleicht stürzen sie ins Leere, wie die
Atome in der antiken Theorie der Epikureer. Vielleicht werden sie sich
irgendwo aufschichten oder zusammenballen, in irgendeinem bauschigen
Pufferspeicher,[10] der sie still warten ließe.

2. *T* verstummt. Wir entdecken den Ursprung und das Ende der scheinbar
erratischen Bahnen, die die Halle durchfurchten: Von der einen Seite (an
Position *A*) ist Schönbergs Streichsextett zu hören; und von der anderen Seite,
am anderen Ende (an Position *B*) seine gefilterte Transfiguration. Nun begreift
man: Klangteilchen hatten sich aus der ursprünglichen Partitur gelöst, um
sich anderswo aufzuschichten, wo sie gerinnen, indem sie eine sozusagen
verlangsamte oder erkaltete Version derselben Musik bilden, so als stünde
sie kurz davor, fest zu werden.

3. Diese Kristallisation, dieses *Festwerden* der Musik – wie man vom Eis
sagt, dass es *fest wird* – geht noch weiter, während die Leinwand aufleuchtet
(*D* fügt sich zu *B* hinzu, während *A* verstummt): Man sieht nun, wie die
Musiker mit ihren Ellenbogen spielen, um der letzten Reduktion von *Verklärte
Nacht* Gestalt zu verleihen, um ihre auf wiederholte D's reduzierte Gegenwart

Auszüge aus den Partituren für die vier verschiedenen Stationen von *The Present Moment (in D)* /
Excerpts of the scores for the four different positions of *The Present Moment (in D)*

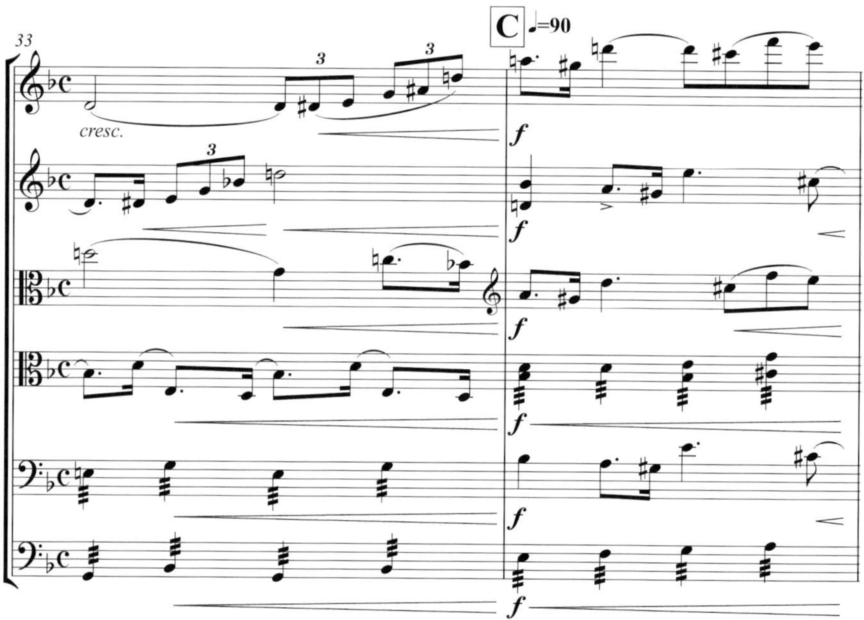

Takte 33 und 34 der in Position A gespielten originalen Schönberg-Partitur von *Verklärte Nacht* /
Bars 33 and 34 of the original Schoenberg score of *Verklärte Nacht*, played in position A

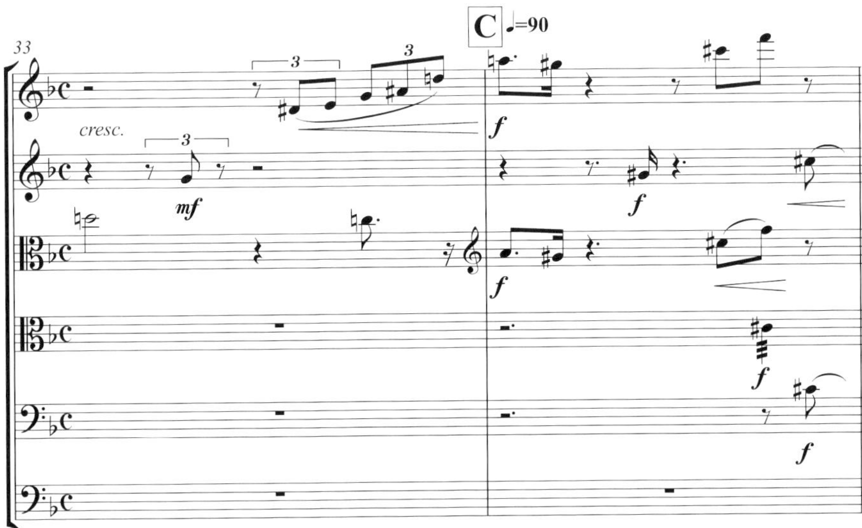

Takte 33 und 34 der in Position T gespielten Partitur, bestehend aus den neuen Tonhöhen in *Verklärte Nacht* / Bars 33 and 34 of the T-score, consisting of only the new tones from *Verklärte Nacht*

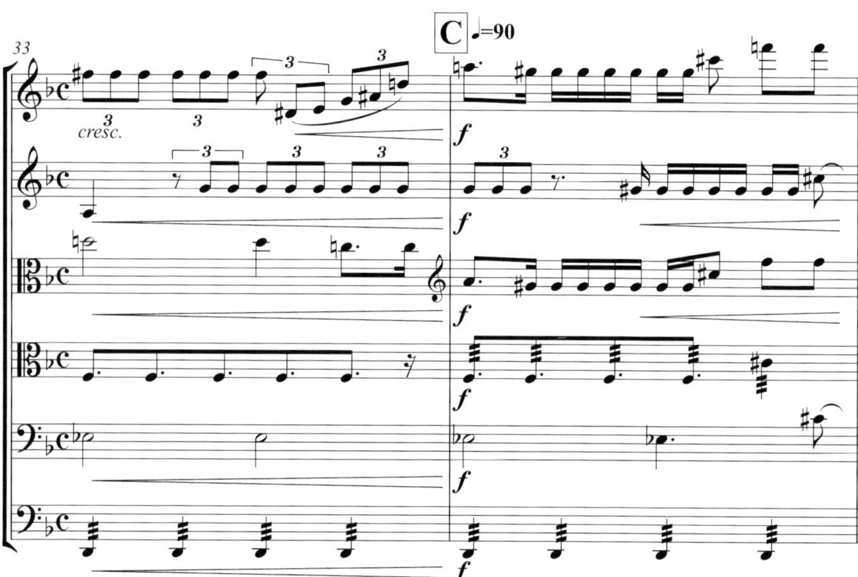

Takte 33 und 34 der in Position B gespielten Partitur, bestehend aus den neuen Tonhöhen aus *Verklärte Nacht*, die so lange wiederholt werden, bis der nächste neue Ton sie ersetzt /
Bars 33 and 34 of the B-score, consisting of the new tones from *Verklärte Nacht*, played repetitively until replaced by the next new tone

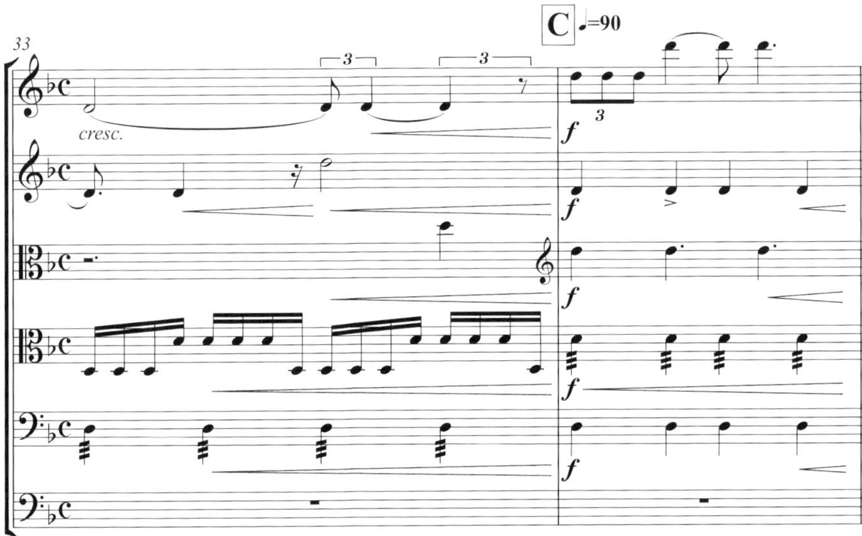

Takte 33 und 34 der in Position D gespielten Partitur, bestehend aus allen D-Noten aus *Verklärte Nacht*, die so lange wiederholt werden, bis die nächste D-Note sie ersetzt / Bars 33 and 34 of the D-score, consisting of all D notes from *Verklärte Nacht*, played repetitively until replaced by the next D

zu artikulieren. Das Sextett nähert sich, so nahe wie möglich, dem, was man sein Standbild nennen könnte, seine pure vibrierende Gegenwart, so als würde sein erster Ton sich verewigen, in Unruhe versetzt von rhythmischen Erschütterungen, die ihn anregen, ohne ihn aber wirklich melodisch oder harmonisch zu verschieben.

4. Die Reise von *Verklärte Nacht* [frz. *La Nuit transfigurée*], seine Transfiguration qua Reise, könnte hier enden, wenn Schönbergs Werk in einer ewigen Gegenwart zu erstarren scheint. Genau hier beginnt die Reise jedoch auch, sie beginnt, indem sie von Neuem beginnt. Denn vom anderen Ende der Halle her (*A*) vernimmt man, seltsam vollkommen, erneut das Sextett. Man hört es von weit her wiederkehren, die Zwischenräume seiner versteiften Version durchlaufend wie Licht, das zwischen den Ästen eines Waldes hindurchscheint.[11]

Ein Gelenk [*articulation*], das seine Beweglichkeit teilweise oder vollständig eingebüßt hat, nennt man *versteift* beziehungsweise *ankylotisch*. Der Ausdruck stammt vom griechischen Adjektiv αγκυλος ab, das „angewinkelt, gebogen, gekrümmt" bedeutet. Denn die Lähmung des Gelenks verformt in der Regel auch das davon betroffene Körperglied. Sie bewirkt dessen Biegung [*le coude*].

Gegen eine solche ankylotische Versteifung scheinen die Ellenbogen [*coudes*] der Instrumentalisten anzukämpfen, die man auf der Leinwand (*D*) spielen sieht. Ihre Artikulationen/Gelenke fahren darin fort, einen musikalischen Diskurs zu phrasieren, der sich in seiner puren reglosen Gegenwart verknöchern zu wollen scheint. Wenn ich aber bislang derart nachdrücklich auf den einzelnen Richtpunkten und Phasen dieser Reise, die *The Present Moment* darstellt, insistiert habe, lag dies darin begründet, dass die ankylotisch versteifte Version des Schönberg-Sextetts eben nicht genau das erschöpfte Ende eines Verhärtungsprozesses der Musik ist. Man hört sie nie allein, für sich. Im Gegenteil, sie ist nur ein Moment in einer Erfahrung (*ex-periri*), die man als eine Reise des Hörens zu sich selbst beschreiben könnte, zu jener ausgedehnten oder ausgespannten Gegenwart, die es in sich selbst bergen muss.

Eine Ausspannung des Geistes (*distentio animi*): So hat bekanntlich der heilige Augustinus im Elften Buch seiner *Bekenntnisse* die Zeit definiert.[12] Er tat dies im Rahmen einer Meditation, eines Denkweges, der ihn dahin geführt hatte, sich an seinen Geist zu wenden, dem er befiehlt, ihn nicht zu stören: „In dir also, mein Geist, messe ich die Zeiträume (*in te, anime meus, tempora metior*). Überschrei mich nicht, ich meine: Laß dich nicht überschreien durch die Unzahl deiner Eindrücke (*noli mihi obstrepere, quod est: noli tibi obstrepere turbis affectionum tuarum*)."[13] Es geschah also in einer Selbstanrede, indem er sich auf sich selbst zurückbog beziehungsweise sich über sich selbst beugte, dass der Geist *sich* fragte, was die Zeit sei und auf welche Weise sie dauere, auf welche Weise sie in einem Jetzt bestehe, das weder die Zukunft ist (diese „ist noch nicht", *nondum est*) noch die Gegenwart (diese „dehnt sich über keine Dauer aus", *nullo spatio tenditur*) noch die Vergangenheit (diese „ist nicht mehr", *iam non est*).[14] Ein Jetzt, das nur noch ein verschwimmender Punkt ist, ein „großes Jetzt [*maintenant*]", das sich in dem hält [*se maintient*], was ich andernorts – beim Hören einer anderen Installation Anris – sein „(An-)Halten [*maintenance*]" genannt habe.[15]

Es war also keineswegs Zufall, dass diese Selbstbefragung des Geistes im Laufe der *Bekenntnisse* die Form einer Einladung zu höchster Aufmerksamkeit annimmt, zu jener aufmerksamen Spannung [*tension*], die größtmöglich auf sich selbst konzentriert ist, in einer radikalen Reduktion, die nur einen einzigen Ton übrig lässt („Beharre hier, mein Geist, und sieh genau zu", *insiste, anime meus, et adtende fortiter*, mahnte Augustinus; „Sieh, da beginnt zum Beispiel eine Stimme zu ertönen. Sie tönt und tönt weiter, und sieh, jetzt hört sie auf", *ecce puta vox corporis incipit sonare et sonat et adhuc sonat, et ecce desinit*[16]). Wie bei Augustinus der Geist gleichsam in einem weiten Bogen auf das Erfassen des auf sein reines (An-)Halten reduzierten Jetzt hinstreben soll[17]–, so wird sich in *The Present Moment* das Ohr – jenes Ohr, das sich durch seine Ausdehnung oder Ausspannung im Raum abzeichnet und ausbildet – vor der Leinwand einkrümmen, um sich besser in der Höhlung seiner selbst zu sammeln.

Genau an diesem Punkt könnte man sagen, dass es in der Tat *eine Biegung erfährt* [*se coude*]. Dass es zu jenem *articulus* des gegenwärtigen [*présent*] Moments wird, den es gespannt erwartet: nicht nur zu seiner Artikulation, sondern auch zu seinem kritischen, entscheidenden Moment, eben da, wo es sich an sich selbst wendet, um die aufmerksame Verantwortung für die Gegenwärtigkeit [*présence*] zu tragen.

Die Reise des Hörens, auf die *The Present Moment* uns mitgenommen hat, kann nunmehr als eine Reise *in die* Gegenwart [au *présent*] beschrieben werden. Keine reglose Reise, die dazu verurteilt wäre, in einer ewigen Wiederholung auf der Stelle zu stehen,[18] so als würde das Gehör wie eine zerkratzte Schallplatte funktionieren. Sondern eine Reise *zur* Gegenwart – *in die* Gegenwart, wie man *nach* Paris [à *Paris*] oder *nach* New York sagt –, die unaufhörlich neu begonnen wird.

The Present Moment: Der Titel von Anris Installation ist nicht die Beschreibung oder die Reproduktion einer Gegenwärtigkeit, die es zu konstatieren gälte. Er ist das performative Versprechen ihrer Erfahrung, durch alle Gefahren der entscheidenden Biegungen hindurch, die sie durchziehen und forttragen.

1 Gustave Flaubert, *Voyage en Égypte*, édition intégrale du manuscrit originale établie et présentée par Pierre-Marc de Biasi, Grasset, Paris 1991, S. 427 (Hervorhebung des Autors) (deutsch: *Reisetagebuch aus Ägypten*, übersetzt von E. W. Fischer, Diogenes Verlag, Zürich 1991, S. 200). Flaubert hatte soeben seine Rückreise nilabwärts begonnen, die vom 27. Mai bis zum 25. Juni 1850 dauern sollte.

2 Heinrich von Kleist, „Über das Marionettentheater", in: ders., *Sämtliche Erzählungen und andere Prosa*, Philipp Reclam jun., Stuttgart 2000, S. 331–339, hier S. 335.

3 Das französische Substantiv *la phrase* kann sowohl den „Satz" (als linguistische Einheit) als auch „die Phrase" (als musikalische Einheit) bezeichnen (A. d. Ü.).

4 Unter Mitarbeit von Olivier Goinard, seinem Sound Designer und treuem Wegbegleiter während des gesamten Projekts.

5 Arnold Schönberg, „Wie man einsam wird" [1937], in: *Gesammelte Schriften 1. Stil und Gedanke*, hrsg. von Ivan Vojtěch, S. Fischer Verlag, Frankfurt am Main 1976, S. 338–358, hier S. 340.

6 Vgl. hierzu insbesondere ders., „Komposition mit zwölf Tönen" [1941], in: ebd., S. 72–96, hier S. 75f.: „Diese Methode besteht […] aus der ständigen und ausschließlichen Verwendung einer Reihe von zwölf verschiedenen Tönen. […] keiner dieser Töne [sollte] allzubald wiederholt werden." Oder „Komposition mit zwölf Tönen" [1948], in: ebd., S. 380–383, hier S. 380f.: „Die Konstruktion einer Grundreihe von zwölf Tönen geht auf die Absicht zurück, die Wiederholung jedes Tones so lange wie möglich hinauszuschieben. […] die Betonung, die ein Ton durch verfrühte Wiederholung erhält, [vermag] ihn in den Rang einer Tonika zu erheben […]. Dagegen werden durch die regelmäßige Verwendung einer Reihe von zwölf Tönen alle anderen Töne auf die gleiche Weise betont, und dadurch wird der einzelne Ton des Privilegs der Vorherrschaft beraubt. Es schien in der ersten Zeit [der Zwölftontechnik; P. S.] ungeheuer wichtig, eine Ähnlichkeit mit der Tonalität zu vermeiden."

7 Vom 21. November 2014 bis zum 10. Januar 2015 wird eine andere Version von *The Present Moment* in der Galerie Hauser & Wirth in Zürich präsentiert, in der *Verklärte Nacht* auf die B's der Partitur reduziert wird, die nach demselben Prinzip wiederholt werden. So wird, wie mir Anri schreibt, *„The Present Moment (in D)* in München und *The Present Moment (in B flat)* in Zürich gespielt, wie zwei Fenster, die auf denselben Hof hinausgehen."

8 Von lateinisch *plicare*, dem etymologischen Ursprung von *plier*, dem gängigen französischen Verb für „biegen", auch „beugen", „falten" (A. d. Ü.).

9 Philippe Lacoue-Labarthe, *La Poésie comme expérience*, Christian Bourgois Éditeur, Paris 1986, S. 30 (deutsch: *Dichtung als Erfahrung*, übersetzt von Thomas Schestag, Ed. Schwarz, Stuttgart 1991, S. 29). Lacoue-Labarthe vergleicht hier das lateinische *experiri* mit der deutschen *Erfahrung**, in der man sowohl die Bewegung und den Ortswechsel (*fahren**) als auch die *Gefahr** vernehmen kann [A. d. Ü.: Die mit Asteriskus (*) markierten Begriffe sind im Orig. deutsch zitiert].

10 Im Orig. *mémoire tampon*, wobei die Grundbedeutung von *mémoire* „Gedächtnis" lautet; daher auch als „Gedächtnis-Bausch" lesbar; liest man *tampon* als „Puffer", könnte man hier auch „Gedächtnis-Puffer" lesen; in der Fachsprache der Informatik „Pufferspeicher", der Daten für begrenzte Zeit zwischenlagert (A. d. Ü.).

11 Anri hat mir erläutert, dass in diesem letzten „Satz" (4) die Position D der Position A um eine halbe Sekunde voraus ist. So dass man jedes neue D in dem Moment, da es im Film erscheint, so hört, als würde es jenes D, das ihm an Position A entspricht, leicht vorwegnehmen. Da aber zum einen jedes D des Films anschließend in seiner Wiederholung im Identischen erstarrt, bis es vom folgenden ersetzt wird, und da sich zum anderen die Stimmen des ursprünglichen Sextetts an der Position A ihrerseits weiterhin melodisch entwickeln, hat man beim Hören den Eindruck, dass A sich vorwärtsbewegt, während D stagniert. Auf diese Weise kehrt sich der Vorsprung in einen Rückstand um, bis das nächste D mit seinem antizipierenden Effekt eintrifft. All dies bewirkt jene Empfindung, die Anri als „zeitlichen Limbus" beschreibt.

12 Aurelius Augustinus, *Confessiones*, Buch XI, XXVII, 33 (deutsch: *Bekenntnisse*, übersetzt und hrsg. von Kurt Flasch und Burkhard Mojsisch, Philipp Reclam jun., Stuttgart 1989, S. 326): „So kam ich zu der Ansicht, Zeit sei nichts anderes als eine gewisse Ausspannung (*inde mihi visum est nihil esse aliud tempus quam distentionem*). Ausspannung von was? Das weiß ich nicht (*sed cujus rei, nescio*), aber es würde mich wundern, wenn es nicht die des Geistes selbst wäre (*et mirum, si non ipsius animi*)." [A. d. Ü.: Die überarbeitete Übersetzung von Kurt Flasch in Augustinus, *Confessiones Liber X et XI / Bekenntnisse 10. und 11. Buch*, Reclam, Stuttgart 2008, S. 217, schreibt „Ausdehnung" für *distentio*]. In einem kürzlich erschienenen Werk, von dem Anri mir sagte, dass er es während der Arbeit an *The Present Moment* aufmerksam gelesen habe (der Titel der Installation könnte sogar von ihm inspiriert sein), führt Augustinus eine Liste von zitierten „Philosophen" an, die sich in die folgende Frage vertieft hätten: „in der sich vollziehenden Gegenwart genügend Zeit zu finden, damit ein Gegenwartsmoment andauern und sich entfalten kann" (Daniel N. Stern, *The Present Moment in Psychotherapy and Everyday Life*, Norton, New York 2004, S. 26 [deutsch: *Der Gegenwartsmoment: Veränderungsprozesse in Psychoanalyse, Psychotherapie und Alltag*, übersetzt von Elisabeth Vorspohl, Brandes & Apsel, Frankfurt am Main 2005, S. 45]).

13 Augustinus, *Confessiones*, Buch XXVI, 36 (deutsch: *Bekenntnisse* [wie Anm. 12], S. 328) [A. d. Ü.: An beiden zitierten Stellen steht in der im Orig. angeführten Übersetzung (von Patrice Cambronne in: Saint Augustin, „Les confessions", in: *Œuvres I*, Gallimard, Paris 1998, S. 1051ff.) für lat. *animus* frz. *âme*, was in seiner Grundbedeutung „Seele" bedeutet; die gängigen deutschen Übersetzungen (Bernhart, Thimme, Mojsisch/Flasch) schreiben hier alle „Geist"; wird im Folgenden die Augustinus-Übersetzung aufgegriffen, wird daher hier ebenfalls „Geist" stehen].

14 Ebd., XXVI, 33 (deutsch: *Bekenntnisse* [wie Anm. 12], S. 326).

15 Vgl. Peter Szendy, „Manutensions, ou les mains tendues d'Anri Sala", in: *Anri Sala. Ravel, Ravel, Unravel*, Manuella editions, Paris 2013. *Ravel, Ravel* und *Unravel* wurden im Französischen Pavillon der Biennale von Venedig 2013 präsentiert. In *Unravel* hat Chloë – eine DJane – zwei Versionen des *Konzerts für die linke Hand* von Ravel gemixt, wobei sie zwischen ihnen jonglierte, um sie in einem Jetzt zu halten [*pour les maintenir dans un maintenant*]. Anri hat mich darauf hingewiesen, dass es in *The Present Moment* die Ortswechsel des Besuchers im Raum sind, die mit einem solchen Mix aufgeladen werden. [A. d. Ü.: Der Begriff *maintenance* ist ein Neologismus, der das Adjektiv *maintenant* („jetzt") und das Verb *maintenir* („[in Händen] halten", „aufrechterhalten") kombiniert, denen das Grundwort *la main* („die Hand") gemeinsam ist; *maintenance* könnte, je nach Kontext, mit „Halten" oder „Jetztheit" übersetzt beziehungsweise als eine Kombination daraus gelesen werden, „(An-)Halten"; der Titelbegriff *manutensions* des erwähnten Aufsatzes verweist zudem noch auf das Verb *tendre* („spannen", „ausstrecken", „hinhalten"), hier speziell in der Bedeutung *tendre la main*, „die Hand reichen"; zusätzlich auch auf *les tensions* („Spannungen"), so dass man *manutensions* schließlich als „Handreichungen" oder „Handspannungen" lesen könnte].

16 Augustinus, *Confessiones*, Buch XI, XXVII, 34 (deutsch: *Bekenntnisse* [wie Anm. 12], S. 326). [A. d. Ü.: Da die französische Übersetzung in für den vorliegenden Kontext signifikanter Weise variiert, sei sie hier zusätzlich angeführt und wörtlich übertragen: „*tiens-toi bien, ô mon âme, et concentre tes forces* (Halte dich gut, o meine Seele, und konzentriere deine Kräfte)" sowie „*considérons un son provenant d'un corps, il commence à résonner…* (betrachten wir einen Ton, der von einem Körper ausgeht, er beginnt zu ertönen …)"].

17 Im Orig. wird diese strebende Bewegung durch die zwei Verben *s'arquer ou s'arc-bouter* ausgedrückt, die beide dem Wort- und Bildfeld des „Bogens" entstammen: *s'arquer* bedeutet „(sich) biegen, krümmen, wölben"; *arc-bouter* bedeutet „durch Strebebögen abstützen, verstreben" (A. d. Ü.).

18 Die zuvor verwendete Formulierung *voyage au présent* ist grammatikalisch doppeldeutig und kann auch „Reise *in der* Gegenwart" bedeuten (A. d. Ü.).

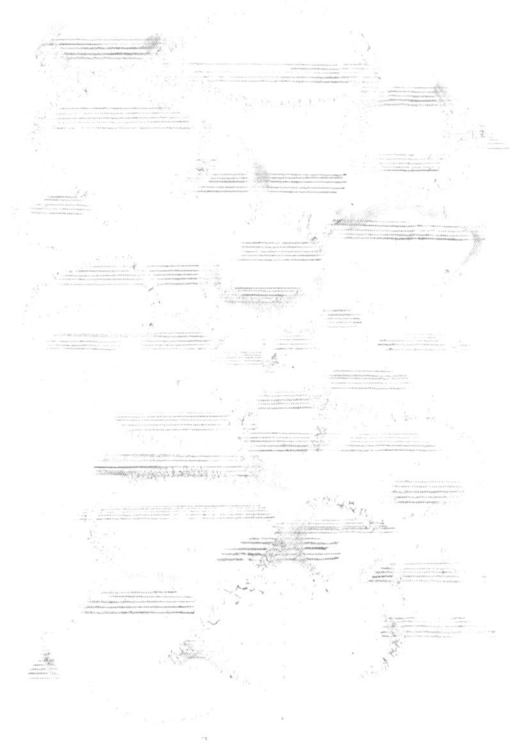

Aus der Serie / From the series:
Manifestations of Motion and Affect, 2014

The Bent Ear[1]
(Notes on a Journey to the Present with Anri Sala)

PETER SZENDY

Leaving a projection where Anri Sala allowed me to see a first, still provisional cut of *The Present Moment* (this was in Paris, last August), we were walking down the street and, all of a sudden, as we were resolutely moving toward the café where we thought we'd sit down to talk for a while, he took a detour [*fit un coude* in French, literally "made an elbow"], as we say to signify when someone suddenly veers from their straight path, inflecting it and introducing an unexpected angle that carries them elsewhere.

In the notes to his *Travels in Egypt*, Flaubert thus remembers that, finding himself faced with Egyptian palm trees, he is forced to take a detour: "Dendera / Tuesday 28 May / Doum palm woods with high grass—we are forced to *take a detour* [*faire un coude*] to the right."[2]

Faire un coude is also said in French of a path or a thing, for example a pipe that forms an angle. The verb *couder*, in its pronominal or reflexive use [*se couder*] can indicate that a river is deviating from its course. One can also, this time with a transitive turn, say that we *elbow* [*coude*] some more or less malleable object: that we bend it.

It was not, as for Flaubert, a forest that turned Anri from our trajectory, but a bookstore. He plunged into it in order to give me Kleist's text *On the Marionette Theater*, in which, he told me, he had been seized by a sentence—this one: "his soul is located precisely in his elbow" [*die Seele sitzt ihm gar … im Ellenbogen*[3]].

Who or what is the subject of this fascinating little piece of writing at this precise moment is of little importance. Because what obviously struck Anri was a kind of unexpected correspondence between this formulation and what he was in the midst of filming (and what, surprised, I had just watched). In the film that is projected onto a screen at the end of his installation entitled *The Present Moment* (in other words, at the extremity of the course followed both by the visitor and the music), what we see are above all elbows. Playing their bows [*Bogen* in German], the instrumentalists' elbows pull and push, work, and unfurl an *articulatory* effort to phrase the notes that befall them.

Their soul—or the soul of the music—is thus found in the *articulation*, in the phraseological and physiological double meaning of the term, which they impress upon the sounds: it is found in the phrasing that articulates musical play thanks to the diarthrosis that is the fold of their elbow. The Latin *articulus* also has a double meaning: both the articulated corporeal member and the member or division of the sentence. There is even a third meaning, which will also be important for us: the moment, the decisive instant, the critical point.

What then does Anri[4] do in *The Present Moment*? What does he elbow, what does he bend in the trajectory he imprints onto Schoenberg's magnificent score—because this is what it is about here, the string sextet of *Verklärte Nacht* (Op. 4)—, to literally di-vert [*dé-tourner*] it through its reinvention? What strange twist does he make it undergo by projecting it into a space charged with history, that of Munich's Haus der Kunst built starting in 1933—the very year that Schoenberg left Germany—to first shelter what National Socialism would call a "Great German Art Exhibition"?

But without a doubt, it is not only Schoenberg's music that finds itself twisted. For the elbowing and bend which is in question in *The Present Moment* could well be that of the ear as well, of the auditory apparatus of someone like you and me who listens and looks. I already begin to suspect this when I look at the map of the installation (see p. 57), which invites the visitor to follow along a singular acoustic trajectory sketched out by the speakers: first there are six of them arranged in a concave semicircle (*A*) at the entryway into the room, then four others that are spread out into a vast curve (*T*) leading to another semicircle (*B*) analogous to the first, after which one finally arrives in front of the screen (*D*) placed at the other end, the end of the auditory journey. The lines of this path might evoke the deformed form of an ear, which seems to be inscribed over the rectangular space of the room.

Before getting to this, however, we need to listen to what happens to Schoenberg's music when it has been taken into the turns and corners of this journey through space that turns out to also be a journey in time.

When Schoenberg composed *Verklärte Nacht* in 1899, he was twenty-five years old. The work was badly received when it was performed in 1902, as the composer himself recounts: "People said: 'It sounds as if an orchestra playing Wagner's *Tristan and Isolde* had become confused and mixed up.'"[5] Even if it seemed chaotic to its first audience, the creation of *Verklärte Nacht* was still largely tonal: no trace of the dodecaphonic writing, the *Zwölftonmusik*, with which Schoenberg's name would later be associated.

Yet it is indeed the principles of dodecaphonism that Anri *folds over again* onto a sextet that did not yet obey it, did not yet bend to it.

What does this mean?

Here, we must take the time to follow the odyssey of *Verklärte Nacht* step by step through times and spaces. From the six voices in Schoenberg's sextet, each one broadcast over one of the six speakers at the entryway (*A*), Anri filters and eliminates every note that is repeated before the eleven others that form with it the chromatic total have been pronounced. He then allows to pass into the four following speakers (*T*) only the sounds obeying the dodecaphonic law Schoenberg will later formulate, in other words the prohibition on repetition before the series concludes.[6] By being deviated in space (from *A* to *T*), Schoenberg's music is thus so to speak bent [*coudé*] in time in the direction of what it will be but is not yet. As if it were rereading itself, as if it were rewriting, arranging, or adapting itself from the elbow bend of its future in the name of a Schoenberg yet to come.

It is this other Schoenbergian music that, stretched between its past and its future, thus finds itself carried away into a dizzying movement of projection: as if it were taken up into a particle accelerator, it propagates itself all along the curve (T) to go toward the semicircle of six speakers that take up the following leg of its path (B). And there, another metamorphosis awaits it: each note of the sextet's score that has just been passed through the dodecaphonic sieve is now repeated until the next one arrives. Rewritten once again, Schoenberg makes other leaps in time, is even more bent [*coudé*], and now begins sounding at moments like a dissonant Steve Reich.

At the end of this crazy trajectory, *Verklärte Nacht* is fixed onto the final screen (D) and reduced through one last filtering into the repetition of a single note. From Schoenberg's score, now filtered three times, there remain only the D's, each one repeated according to its original rhythm until the following one, given another rhythmic figure, takes it up again.[7] The music is frozen in its movement: it seems to be nailed down, bolted to its own repetition.

In his presentation of *The Present Moment*, Anri summarizes this journey in the following way: the musical sounds and gestures drawn from Schoenberg's sextet "drift across the space, as if expelled from the main body of the music"; then, at the end of their course, "they accumulate and play repetitively as if trapped in a dead end, a space where acoustic memory is condensed."

This is the principle and map for this vast apparatus for bending [*coudage*] music and its listening. This is the modus operandi, or, even better: the *modus plicandi*. But once one goes through it, once one *experiences* it (a word in which, as Philippe Lacoue-Labarthe noted, one must hear the Latin *ex-periri*, "a crossing through danger," through a *periculum*[8]), the apparatus becomes stratified. The different positions from A to D—the different stations of the journey through space and time—do not merely come one after the other: they are superposed onto one another.

Anri has in effect carefully composed the phases of this accelerator of sound particles that, in reality, aims rather to *decelerate* listening by bringing it to undergo the experience of itself all along a crossing entirely stretched toward the promise of a finally present moment that will perhaps—perhaps— present itself at the end of this journey and its curves [*coudures*].

A bit like in a symphony, there are four movements:

1. We first hear the four loudspeakers in the T curve: scraps of music, slow flashes, or quick sound sparks traverse the space and are propagated in it. Where are they coming from? Where are they going? Perhaps they fall

Beschreibung der vier Phasen von *The Present Moment (in D)* /
Description of the four phases of *The Present Moment (in D)*

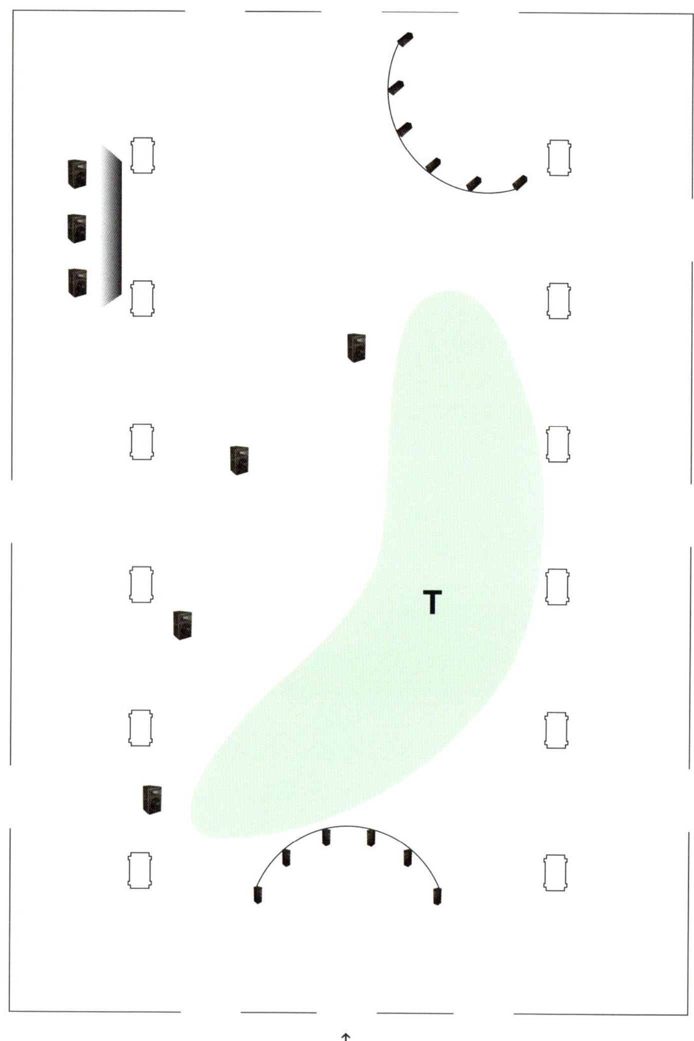

Erste Phase / First phase: ca. 7'15"
Position T wird bespielt; nur die jeweils neuen Tonhöhen sind nacheinander auf den vier
Lautsprechern zu hören. / Position T is active: only the new tones are played successively
on its four speakers

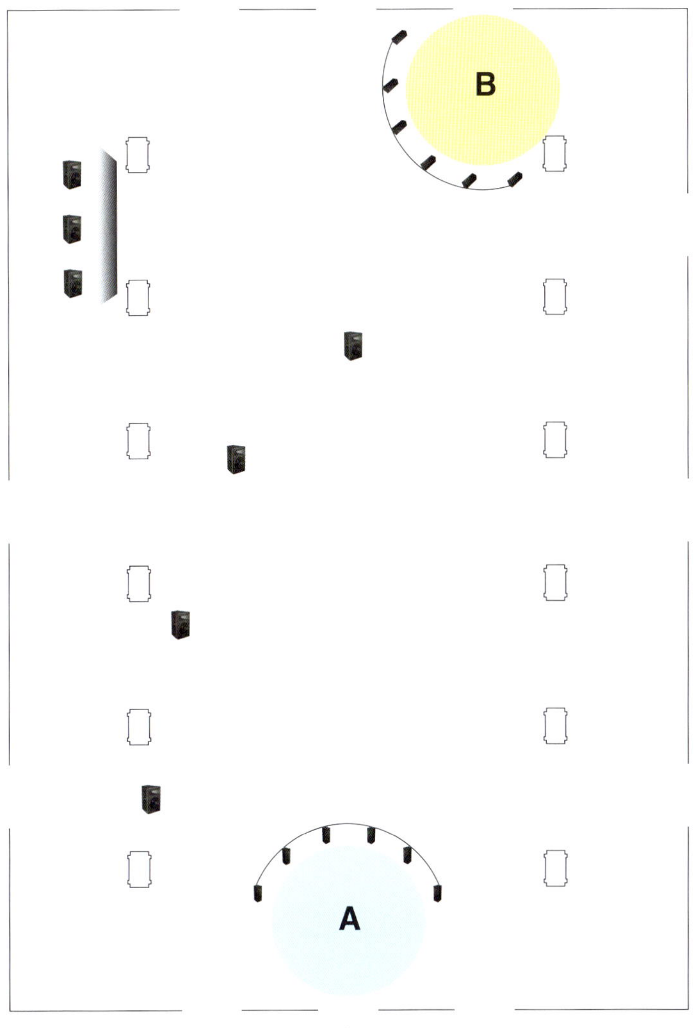

Zweite Phase / Second phase: ca. 7'15"

Positionen A und B werden bespielt; in Position A ist eine Aufnahme von *Verklärte Nacht* zu hören, in Position B werden alle neuen Töne aus *Verklärte Nacht* in Wiederholung gespielt, bis sie von dem nächsten neuen Ton ersetzt werden. / Positions A and B are active; a recording of *Verklärte Nacht* is played in position A; in position B all new tones from *Verklärte Nacht* are played repetitively until replaced by the next new tone

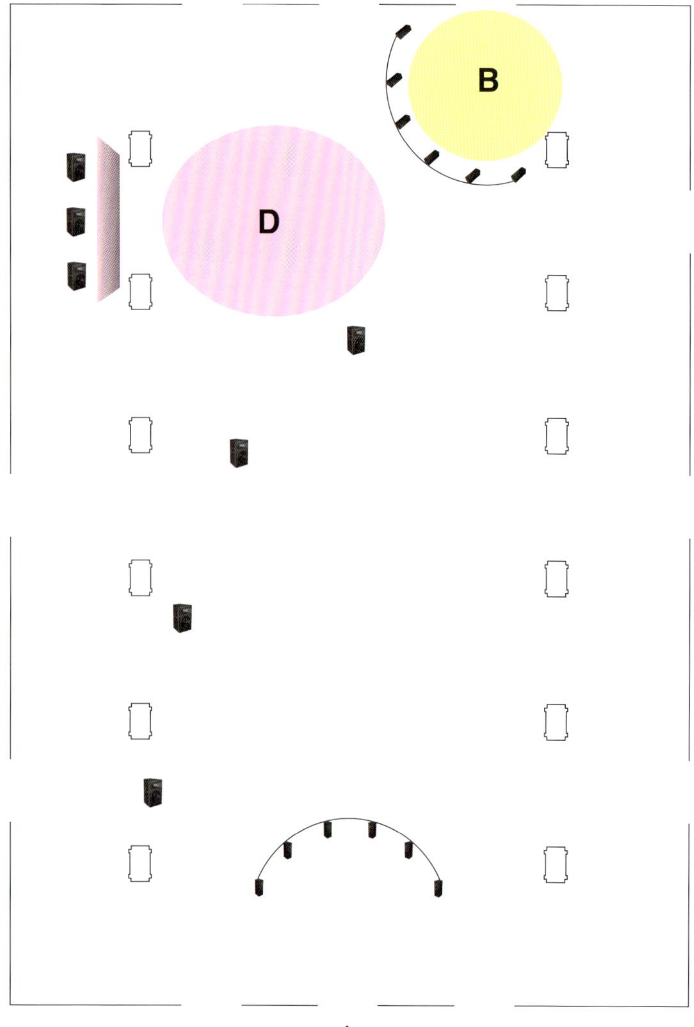

Dritte Phase / *Third phase*: ca. 7'15"
Positionen B und D werden bespielt; in Position B werden alle neuen Töne aus *Verklärte Nacht* in Wiederholung gespielt, bis sie von dem nächsten neuen Ton ersetzt werden, in Position D werden alle D-Noten aus *Verklärte Nacht* in Wiederholung gespielt, bis sie von der nächsten D-Note ersetzt werden. / *Positions B and D are active; in position B all new tones from Verklärte Nacht are played repetitively until replaced by the next new tone; in position D all D-notes from Verklärte Nacht are played repetitively until replaced by the next D*

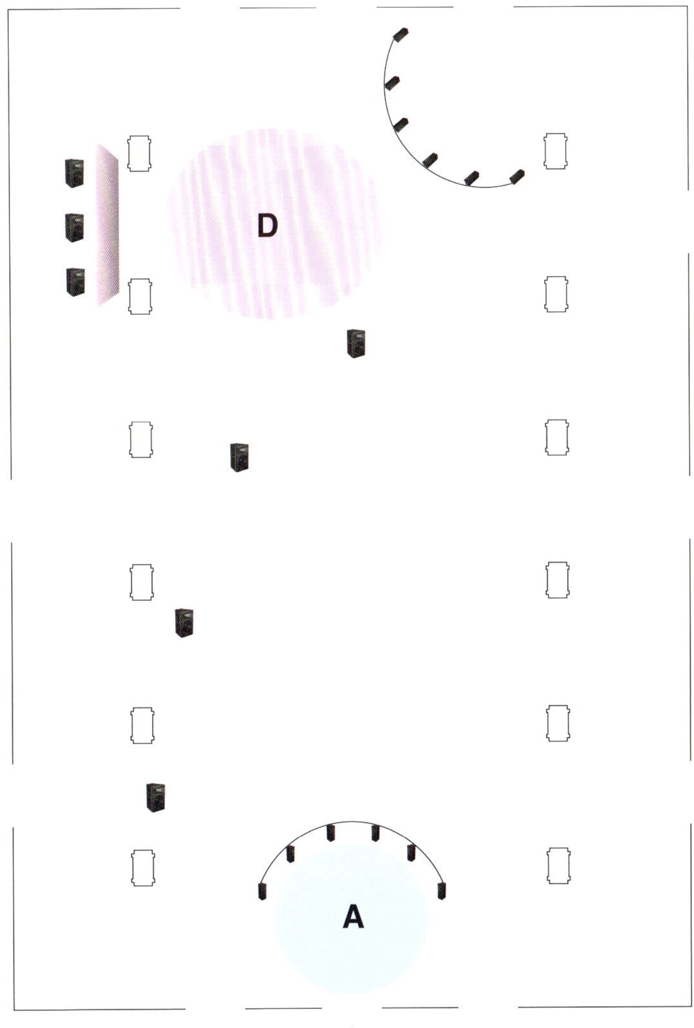

Vierte Phase / Fourth phase: ca. 7'15"
Positionen A und D werden bespielt; in Position A ist eine Aufnahme von *Verklärte Nacht* zu hören, in Position D werden alle D-Noten aus *Verklärte Nacht* in Wiederholung gespielt, bis sie von der nächsten D-Note ersetzt werden. / Positions A and D are active; a recording of *Verklärte Nacht* is played in position A; in position D all D notes from *Verklärte Nacht* are played repetitively until replaced by the next D

into the void, like atoms in ancient Epicurean theory. Perhaps they are going to pile or stock up somewhere, in a buffer memory that would make them silently wait.

2. *T turns off.* And we discover the origin and the end of the apparently erratic trajectories that striated the room: we hear Schoenberg's string sextet from one side (in *A*); and from the other side, at the other end (in *B*), its filtered transfiguration. Now we understand: sound particles had detached from the initial score to go and accumulate elsewhere, where they coagulate by composing a version of the same music, which, in a manner of speaking, is slowed or cooled down, as if it were at the point of solidifying.

3. This crystallization, the way the music *takes*—as we say that a graft *takes*—continues when the screen lights up (*D* is added to *B* while *A* turns off): at this point we see the musicians elbowing in to embody the ultimate reduction of *Verklärte Nacht*, in order to articulate its presence reduced to repeated D notes. The sextet draws as close as possible to what would be its freeze frame, its pure vibrating presence, as if its first note were drawn out and broken up by rhythmic trembling that shakes it without as much as imposing a veritable melodic or harmonic shift on it.

4. The journey of *Verklärte Nacht*, its traveling transfiguration, could stop here, when Schoenberg's work seems to numb into a perennial present. Yet it is nonetheless here that its journey also begins; it begins by starting over. For from the other end of the room (*A*), we once again hear the sextet, strangely intact. We hear it coming back from far away, passing into the interstices of its stiffened [*ankylosée*] version like the light between the branches of a forest.[9]

When a joint partially or entirely loses its capacity to move, in French we say it is *ankylosée*, or stiffened. The term comes from the Greek adjective αγκυλος, which means angled, curved, bent. Because in general, articulatory paralysis deforms the limb it affects. It bends it [*il le coude*].

It is against this kind of ankylosis that the elbows of the instrumentalists we see playing on the screen (*D*) seem to be fighting. Their articulations continue to phrase and articulate a musical discourse that seems to want to ossify into its pure and simple immobile presence. But if I have insisted so much on the signposts and phases of the journey that *The Present Moment* is, this is precisely because the stiffened *ankylosée* version of Schoenberg's sextet is not the tired culmination of a process of numbing music. We never hear it alone, for itself. On the contrary, it is only a moment in an experience [*ex-periri*] that we might describe as the journey of listening toward itself, toward that extended or distended present that it must shelter at the heart of itself.

A distention of the soul [*distentio animi*]: this, you will remember, is how Saint Augustine defined time in the eleventh book of his *Confessions*.[10] And he did so over the course of a meditation, a thought process that led him to address his soul, asking it not to disturb him: "It is in you, my soul, that I measure times [*in te, anime meus, tempora metio*]. Do not loudly object, in the disorganized flow of your impressions [*noli mihi obstrepere, quod est: noli tibi obstrepere turbis affectionum tuarum*]." It was thus by speaking to itself, by bending in or over itself, that the soul asked *itself* what time is and how it endures. How it consists in a now that is neither the future [it "is not yet," *nondum est*], nor the present [it "extends over no extent," *nullo spatio tenditur*], nor the past [it "is no longer," *iam non est*]. A now that is more than an evanescent point, "a great now" [*un grand maintenant*] that maintains itself in what I have elsewhere called—while listening to another of Anri's installations—its *maintenance*.[11]

Yet it was not by chance that over the course of the *Confessions*, the soul's interpellation of itself took the form of an invitation to greater attention, to the most attentive tension, concentrated on itself in a radical reduction that allowed only one unique sound to subsist ("sit up straight, oh, my soul, and concentrate your strengths," *insiste, anime meus, et adtende fortiter*, Augustine advised; "consider a sound coming from a body: it begins to resound, it resounds, and resounds yet again, and here it ends," *ecce puta vox corporis incipit sonare et sonat et adhuc sonat, et ecce desinit*). In the same way that the Augustinian soul had to arch or brace over the grasp of a now [*maintenant*] reduced to its pure maintenance, the ear of *The Present Moment*— that ear that is drawn out and composed through its extension or its distension in space—curves in on itself in front of the screen, the better to gather into the hollow of itself.

This is where, we might say, it truly *elbows and bends* itself. Where it becomes that *articulus* of the present moment it looks out for: not only its articulation, but also its critical, decisive moment, there where it apostrophizes itself to carry the attentional responsibility of presence.

The journey of listening into which *The Present Moment* draws us can then be described as a journey *to* (and *in*) the present. Not an immobile journey, one condemned to stay in place, that of an eternal rehashing, as if listening were laboring, like a broken record. But a journey *toward* the present—*to* the present, as we would speak of a trip *to* Paris or *to* New York—which is constantly being begun again.

The Present Moment: the title of Anri's installation is not the description or reproduction of a presence we would need to observe. It is the performative promise of its experience, through all the perils of the decisive bends and elbows that make up its weave and carry it away.

1 Szendy's title in French is *"L'oreille coudée,"* which I take as an elbowing of my task as a translator, a jab to my ribs if you will, toward the English expression of "bending someone's ear" when you ask for their attention. In French, however, the main sense of this bend is its curve, and not the supplementary meaning that arises in English, one that is not, however, unwelcome in the context of *The Present Moment* of Anri Sala's installation.—Trans.

2 Gustave Flaubert, *Voyage en Egypte*, ed. Pierre-Marc de Biasi (Paris: Grasset, 1991), p. 427 (emphasis mine [translation mine—trans.]). Here, Flaubert has just begun his descent of the Nile, which lasted from May 27 to June 25, 1850.

3 Heinrich von Kleist, "On the Marionette Theater," trans. Thomas G. Neumiller, *The Drama Review: TDR* 16, no. 3 (September 1972), p. 24.

4 With the complicity of Olivier Goinard, sound designer and faithful traveling companion throughout this project.

5 Arnold Schoenberg, "How One Becomes Lonely," in *Style and Idea*, trans. Leonard Stein (Oakland: University of California Press, 1985), p. 33; first published 1975 by Faber and Faber.

6 See in particular "Composition with Twelve Tones (1)," [1941], in ibid., p. 219: "a set should consist of twelve different tones … none of these tones should be repeated too soon." And again, in "Composition with Twelve Tones (II)" [circa 1948], in ibid., p. 246: "The construction of a basic set of twelve tones derives from the intention to postpone the repetition of every tone as long as possible … the emphasis given to a tone by a premature repetition is capable of heightening it to the rank of a tonic. But the regular application of a set of twelve tones emphasises all the other tones in the same manner, thus depriving one single tone of the privilege of supremacy. It seemed in the first stages immensely important to avoid a similarity with tonality."

7 From November 21, 2014 through January 10, 2015, another version of *The Present Moment* is proposed at the Hauser & Wirth gallery in Zurich, where *Verklärte Nacht* is reduced to the score's B-flats, reiterated according to the same principle. At that point, as Anri wrote to me, *"The Present Moment (in D)* will play in Munich and *The Present Moment (in B-flat)* in Zurich, like two windows that look out onto the same courtyard."

8 *Poetry as Experience*, trans. Andrea Tarnowski (Stanford: Stanford University Press, 1999), p. 18. Lacoue-Labarthe brings the Latin *experiri* together with the German *Erfahrung*, in which one can hear movement or transport [*fahren*], as well as danger [*Gefahr*].

9 Anri emphasizes that, in this last "movement" (4), *D* is ahead of *A* by half a second. This is so true that we hear each new D tone, at the moment it appears in the film, as slightly anticipating the D tone that corresponds to it in *A*. But since, on the one hand, each D tone in the film is then frozen into its identical repetition right up until its replacement by the following one; and since, on the other hand, the voices in the original sextet in *A* continue to change melodically, we get the impression, upon listening, that it is *A* that advances while *D* stagnates. The advancement thus reverses into a lateness until we get to the next D tone, with its effect of anticipation. Whence this sensation that Anri describes as "temporal limbo."

10 Augstine, *Confessions*, trans. Henry Chadwick (Oxford: Oxford University Press, 1991), pp. 239–40 [I follow Szendy's French translation in the text.—Trans.]. "This is why I have come to think that time is simply a distension [*inde mihi visum est nihil esse aliud tempus quam distentionem*]; But of what is it a distension? I do not know [*sed cujus rei, nescio*], but it would be surprising if it is not that of the mind itself [*et mirum, si non ipsius animi*]." In Daniel N. Stern, *The Present Moment in Psychotherapy and Everyday Life* (New York: Norton, 2004), Saint Augustine is the first of a list of philosophers cited for having considered the following problem (p. 26): "finding enough time within the moving present for a present moment to endure and unfold." Anri tells me he attentively read this book while working on *The Present Moment*. The installation's title may well have been inspired by it.

11   See Peter Szendy, "Manutensions, or Anri Sala's Outstretched Hands," in *Anri Sala: Ravel Ravel Unravel*, trans. Will Bishop (Paris: Manuella Éditions, 2013). In that installation, it was Chloé—a DJ—who was mixing two versions of Ravel's *Concerto for the Left Hand*, juggling them to maintain them in a now [*maintenant*]. Anri suggests that in *The Present Moment*, it is the visitor's movements through space that perform the mix.

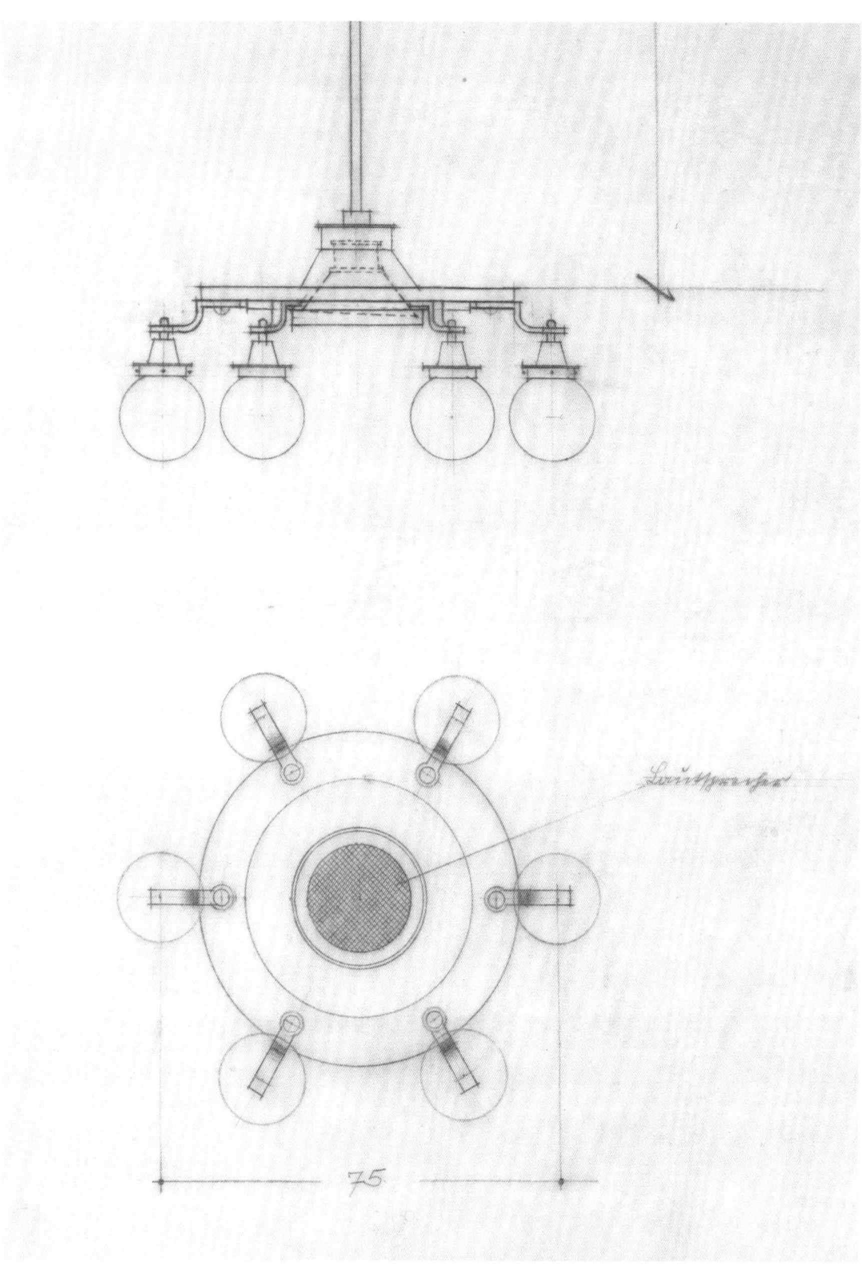

Zeichnung der Lüsterkombination mit Lautsprecher in der „Ehrenhalle", 1937 /
Drawing of chandeliers equipped with speakers in the "Ehrenhalle", 1937

Zur Geschichte der ehemaligen „Ehrenhalle"

SABINE BRANTL

Das Haus der Kunst wurde von 1933 bis 1937 nach Plänen von Adolf Hitlers
bevorzugtem Architekten Paul Ludwig Troost als Haus der Deutschen Kunst
errichtet. Das neoklassizistische, streng symmetrische Gebäude war Symbol
für die Durchsetzung der nationalsozialistischen Kunstpolitik. Hatte Troost
die zentrale Ehrenhalle (heute: Mittelhalle) ursprünglich für die Aufstellung
von Großplastiken und für die Durchführung von Künstlerfesten vorgesehen,
war sie später den Eröffnungen der *Großen Deutschen Kunstausstellungen* und
deren Pressekonferenzen vorbehalten. Hier versammelte sich alljährlich die
nationalsozialistische Führungsriege, hier rief Hitler zum „unerbittlichen
Säuberungskrieg" gegen die Moderne auf. Darüber hinaus wurden in der
Ehrenhalle auch Eintrittskarten und Druckerzeugnisse aus dem Dunstkreis
der *Großen Deutschen Kunstausstellungen* verkauft. Gemäß seiner Bestimmung
als repräsentative Empfangshalle war der dreischiffige, 800 Quadratmeter
große Oberlichtsaal mit blutrotem Tegernseer Marmor verkleidet worden.
Die Omnipräsenz der Farbe Rot, die in der Hakenkreuzfahne der
NSDAP dominant zum Ausdruck kam, sollte die Allgegenwärtigkeit der
nationalsozialistischen Weltanschauung beschwören. Die Ausrichtung des
Hauses der Deutschen Kunst als ein wesentliches Propagandainstrument
des NS-Staates zeigte sich auch in der technischen Ausstattung: Um die
Ansprachen Hitlers und weiterer Mitglieder der Parteispitze trotz schlechter
Akustik wirkungsvoll zu inszenieren, wurden die Seitenschiffe mit Lüstern,
die eingebaute Lautsprecher enthielten, bestückt. Eine im Bau fest installierte
Mikrofonanlage gewährleistete die Rundfunkübertragung.

In der Nachkriegszeit nutzte die amerikanische Militärregierung die
weitläufige Halle als Teil ihres Offizierskasinos. Hier fanden „Floor-Shows"
mit Jazzbands und Varietévorstellungen statt. Nach dem Auszug des
Offizierskasinos und als in den 1950er-Jahren das in Haus der Kunst
umbenannte Gebäude mit dem Einzug der Moderne als „entnazifiziert" galt,
wurden im Inneren der Mittelhalle bauliche Veränderungen vorgenommen,
die eine vielseitige Nutzung ermöglichten – und zugleich die Erinnerung
an das problematische Erbe verschwinden lassen sollten. 1956 wurde ein
Wettbewerb zwischen den Münchner Architekten Josef Wiedemann,
Ernst Hürlimann und Max Ott ausgeschrieben. Nach den Entwürfen von
Wiedemann wurde eine ebenso sparsame wie symbolträchtige Neutralisierung
umgesetzt. So wurde die rote Marmorverkleidung der Säulen und
Türrahmen weiß übertüncht, eingezogene Wände und Decken sowie zeitweise
Vorhänge aus weißem Nessel verwandelten die monumentale Halle in einen

multifunktionalen Raum. 1994 wurde ein provisorisches Foyer aus einer Stahl-Plexiglas-Konstruktion abgetrennt, das den Zugang zu den Ausstellungssälen im Ostflügel ermöglichte. Durch diese Eingriffe sollte auch das „pathetische Bild" der ehemaligen Ehrenhalle getilgt werden.

Von 2003 an wurden diese nachträglichen Veränderungen im Zuge des vom neuen Direktor Chris Dercon initiierten Projekts des „Kritischen Rückbaus" sukzessive rückgängig gemacht, um den Blick auf die Ursprünge freizulegen. Seitdem wird der zentrale Raum auch für temporäre Kunstprojekte genutzt. 2007 wurde die Mittelhalle, in Anerkennung der jahrelangen Unterstützung durch die 1954 gegründete Gesellschaft der Freunde Haus der Kunst, in Galerie der Freunde umbenannt. Die kritische Auseinandersetzung mit der Architektur und ihren historischen Zusammenhängen setzt sich unter der Leitung von Okwui Enwezor fort. Mit der Öffnung des westlichen Treppenhauses verweist die Mittelhalle nun erstmals seit den 1950er-Jahren wieder auf die von ihr ausgehenden Aufgänge und Räume. Sie ist zentrales Forum und Resonanzraum, in dem sich den Besuchern das interdisziplinäre Programm des Haus der Kunst eröffnet.

On the History of the Former "Ehrenhalle"

SABINE BRANTL

83

Haus der Kunst was constructed between 1933 and 1937 as Haus der Deutschen Kunst [House of German Art] from plans by Adolf Hitler's preferred architect, Paul Ludwig Troost. With its neoclassical, strictly symmetrical architecture, it was to stand as a symbol of the National Socialists' cultural politics. Whereas Troost had originally intended the central "Ehrenhalle" [Hall of Honor]—now the Mittelhalle [Middle Hall]—as a display area for large-scale sculptures and as a venue for special artistic occasions, it was used for the openings of the "Great German Art Exhibitions" and for press conferences. Each year top-ranking National Socialist officials would gather here; this was where Hitler declared his "merciless war of annihilation" on modern art. It was also in the "Ehrenhalle" that visitors could buy entrance tickets and prints of works shown in the "Great German Art Exhibitions." In keeping with its function as a representative reception area, this top-lit room with three naves and 800 square meters of floor space was clad in blood-red marble from Lake Tegern in the Bavarian Alps. The omnipresence of the color red, which was also used for the background of the swastika on the flags and banners of the National Socialist party, was meant to conjure the all-pervading presence of the party's beliefs. The intended use of the Haus der Deutschen Kunst as a propaganda tool for the National Socialist regime was also evident in its enhanced technological accoutrement: in order to guarantee the transmission of Hitler's speeches and those of other party leaders to best effect—despite the building's poor acoustics—the chandeliers in the side naves were equipped with built-in loudspeakers. In addition, a system of microphones was installed so that speeches could be transmitted to an even wider audience via radio broadcasts, with all equipment necessary for broadcasting being permanently installed in the building.

In the years directly following the war, the US military administration in Munich used this spacious area as part of its officers' club; it served as a venue for floor shows with jazz bands and cabaret performances. In the 1950s, following the departure of the officers' club, the renamed "Haus der Kunst"—now also a home to modern art—was deemed to be fully "denazified." Structural changes were made to the interior of the Middle Hall, both so that it could serve a wide range of uses and also in order to erase the memory of the difficult past. In 1956, the Munich architects Josef Wiedemann, Ernst Hürlimann, and Max Ott were invited to bid for the contract to redesign the Middle Hall. Wiedemann's design of an economical yet highly symbolic solution was implemented, wherein the red marble cladding of the columns

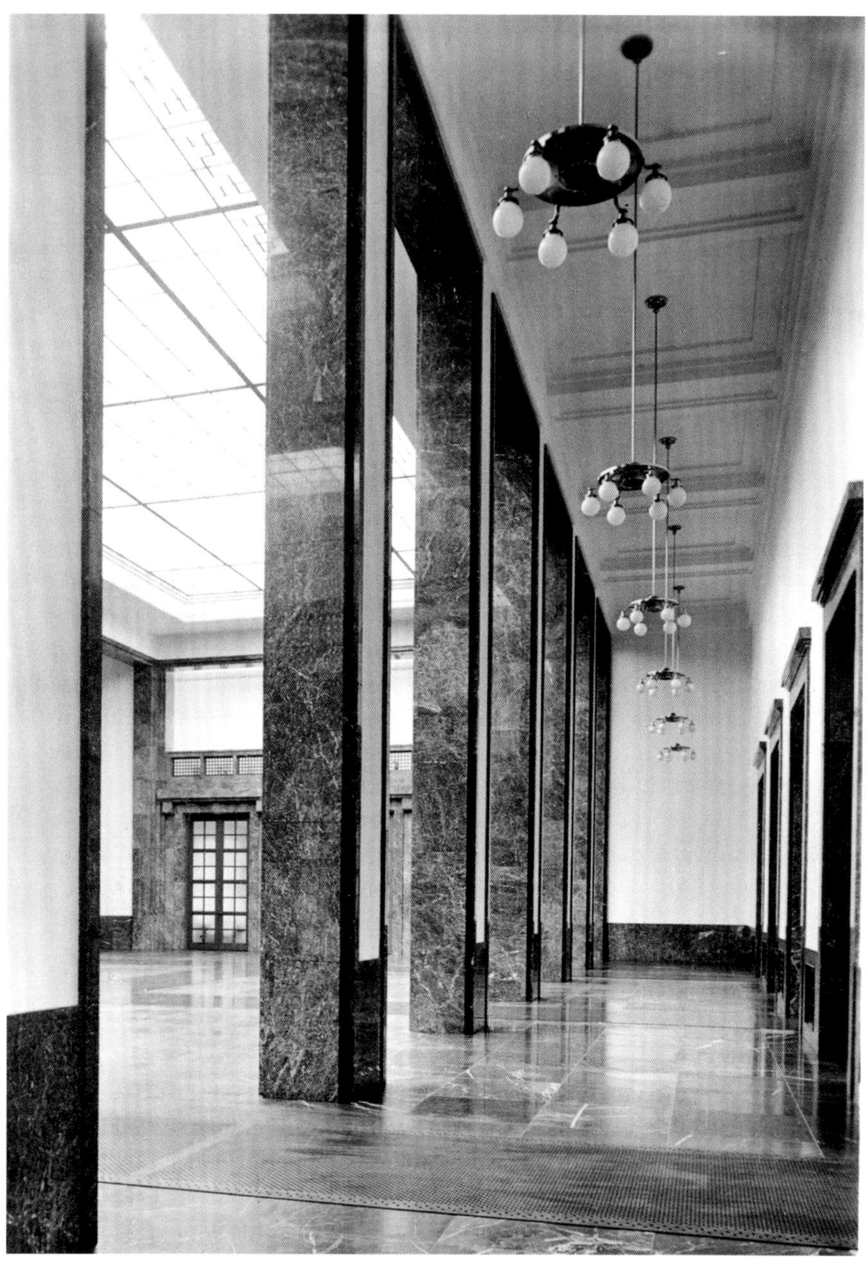

Lüsterkombination mit Lautsprecher für die „Ehrenhalle". Entwurf: Leonhard Gall, 1937 /
Chandeliers equipped with speakers for the "Ehrenhalle". Design: Leonhard Gall, 1937

and door frames was neutralized by the application of white paint. Accordingly, partition walls and new ceilings, as well as white muslin curtains, transformed the monumental space into a multifunctional area. In 1994, a temporary foyer within the Middle Hall, made from steel and plexiglass, was constructed to provide access to the exhibition rooms in the East Wing. This alteration was also in part intended to help to expunge the still "pathos-laden sight" of the former "Ehrenhalle."

Beginning in 2003, under the auspices of the "critical reconstruction" instigated by the new director, Chris Dercon, many of these alterations were progressively reversed, once again exposing the building's origins. Since then, the central space has also been used for temporary art projects. In 2007, the Middle Hall was named the Galerie der Freunde [Gallery of the Friends] in recognition of the long-term support of the Association of the Friends of Haus der Kunst (founded in 1954). The critical confrontation with the building's architecture and historical background has continued under the directorship of Okwui Enwezor. With the opening up of the stairwell in the west, the Middle Hall—for the first time since the 1950s—now also points the way upward to the South Gallery. The Middle Hall has become a central forum and meeting place, where visitors can immediately engage with the interdisciplinary program presented by Haus der Kunst.

Anri Sala

Anri Sala wurde 1974 in Tirana, im damals sozialistischen Albanien geboren. 1992 begann er an der dortigen Staatlichen Kunstakademie Malerei zu studieren. Auf Anregung des französischen Künstlers Henri Foucault, der 1995 die Kunstakademie in Tirana besucht hatte, setzte er ein Jahr später sein Kunststudium an der École nationale supérieure des arts décoratifs in Paris fort. Dort beschäftigte er sich schwerpunktmäßig mit den Medien Video und Fotografie. Von 1998 bis 2000 absolvierte er ein Postgraduierten-Studium am Le Fresnoy – Studio national des arts contemporains in Tourcoing, Frankreich, einem Zentrum für audiovisuelle Recherchen. Heute lebt und arbeitet er in Berlin.

Salas Arbeiten wurden in zahlreichen Ausstellungen gewürdigt: Zuletzt vertrat er Frankreich auf der Biennale in Venedig (2013), 2012 nahm er an der dOCUMENTA (13) teil. Große Einzelausstellungen hatte er unter anderem im Centre Pompidou in Paris und dem Louisiana Museum, Humlebæk (2012), der Serpentine Gallery in London und dem Musée d'art contemporain in Montreal (2011), dem CAC Contemporary Arts Center, Cincinnati (2009), dem Museum of Contemporary Art North Miami (2008), Centre for Contemporary Art Ujazdowski Castle, Warschau (2005) sowie im Musée d'Art moderne de la ville de Paris und den Deichtorhallen in Hamburg (2004). 2014 wurde ihm der Vincent Award verliehen, 2011 der Absolut Art Award und 2001 der Young Artist Prize der Biennale in Venedig. 2005 war er für den Preis der Nationalgalerie in Berlin nominiert, 2002 für den renommierten Hugo Boss Prize. Seine frühen Filme erhielten zahlreiche Auszeichnungen auf internationalen Dokumentarfilm-Festivals.

Anri Salas frühe Werke reflektieren den Kontext des postsozialistischen Albanien, wobei schon bald die Beschäftigung mit den Grenzen sprachlicher Ausdrucksmöglichkeiten in den Vordergrund trat. In diesem Zusammen-hang wurde in seinen Film- und Videoarbeiten die Musik als alternatives Ausdrucksmittel immer wichtiger. In Salas Ausstellungen der letzten Jahre steht die intensive Beschäftigung mit dem Zusammenhang von Sound und Raum, von Musik und Architektur im Zentrum, die – wie bei *The Present Moment* – mit einer präzisen Choreografie seiner Präsentationen einhergeht.

Anri Sala

Anri Sala was born in Tirana in 1974, during the socialist era in Albania. In 1992 he began to study painting at Tirana's Academy of Arts. At the suggestion of French artist Henri Foucault, who visited the academy in 1995, Sala went on to pursue his art studies at the École nationale supérieure des arts décoratifs in Paris in 1996, concentrating primarily on video and photography. From 1998 to 2000 he took a postgraduate course at Le Fresnoy—Studio national des arts contemporains in Tourcoing, France, a center for audiovisual research. He now lives and works in Berlin.

Sala's works have been presented in numerous exhibitions. Most recently, he represented France at the 2013 Venice Biennale, and in 2012 he participated in dOCUMENTA (13). He has had a number of major solo shows, including at the Centre Pompidou, Paris, and the Louisiana Museum, Humlebæk (2012); the Serpentine Gallery, London, and the Musée d'art contemporain, Montreal (2011); the CAC Contemporary Arts Center, Cincinnati (2009); the Museum of Contemporary Art, North Miami (2008); Centre for Contemporary Art Ujazdowski Castle, Warsaw (2005); and the Musée d'Art moderne de la ville de Paris and the Deichtorhallen, Hamburg (2004). He won the Vincent Award in 2014, the Absolut Art Award in 2011, and in 2001 was awarded the Venice Biennale's Young Artist Prize. He was nominated for the Preis der Nationalgalerie in Berlin in 2005 and for the renowned Hugo Boss Prize in 2002. His early films received numerous awards at international documentary film festivals.

Anri Sala's early works reflect the context of post-socialist Albania, with his exploration of the boundaries of linguistic expressive possibilities soon coming to the fore. In this context, music as an alternative mode of expression began to play an increasingly important role in his film and video works. An intense engagement with the connection between sound and space, music and architecture lies at the heart of Sala's most recent exhibitions, accompanied—as in *The Present Moment*—by a precise choreography of his presentation.

MONOGRAFISCHE PUBLIKATIONEN (AUSWAHL)
MONOGRAPHIC PUBLICATIONS (SELECTION)

2013

Christine Macel und / and Anri Sala
(Hrsg. / eds.), *Anri Sala. Ravel Ravel Unravel*,
Ausst.-Kat. / exh. cat. Französischer Pavillon /
French Pavilion, La Biennale di Venezia;
Centre national des arts plastiques (CNAP),
Institut français, Manuella Éditions, Paris
2013

Anri Sala (Hrsg. / ed.), *Edi Rama*, JRP|Ringier,
Zürich / Zurich 2013

2012

Christine Macel (Hrsg. / ed.), *Anri Sala*,
Ausst.-Kat. / exh. cat. Centre Pompidou,
Paris; Éditions du Centre Pompidou,
Paris 2012

Anri Sala, *Where the Moon Notes Equal the
Beach Bridges*, Langspielplatte / long-play
record, Royal Academy of Fine Arts,
St. Lucas University College of Art and
Design, Antwerpen / Antwerp 2012

2011

Anri Sala, Ausst.-Kat. / exh. cat. Musée d'Art
Contemporain de Montréal 2011
(darin / includes: Anri Sala und / and
Edi Rama, *Inversion. Creating Space where
there Appears to Be None*)

Julia Peyton-Jones, Hans Ulrich Obrist und /
and Kathryn Rattee (Hrsg. / eds.), *Anri Sala*,
Ausst.-Kat. / exh. cat. Serpentine Gallery,
London; Koenig Books, London 2011

Moritz Wesseler (Hrsg. / ed.), *Anri Sala. Title
Suspended*, Künstlerpublikation / artist
booklet, Kabinett für aktuelle Kunst,
Bremerhaven, MMK Museum für Moderne
Kunst, Frankfurt am Main; Salon Verlag,
Köln / Cologne 2011

2010

Anri Sala, *Why the Lion Roars*, Verlag der
Buchhandlung Walther König, Köln /
Cologne 2010

2009

Anri Sala (Hrsg. / ed.), *Edi Rama*, Botimet
Toena, Tirana 2009

2008

Sue Henger (Hrsg. / ed.), *Anri Sala. Purchase
Not by Moonlight*, Ausst.-Kat. / exh. cat.
Contemporary Arts Center, Cincinnati,
Museum of Contemporary Art, Miami, 2008

2007

Anri Sala, *A Spurious Emission for Baroque Trio
and Country Band*, Booklet & Audio-CD,
Johnen Galerie, Berlin, Marian Goodman
Gallery, New York, Hauser & Wirth, Galerie
Chantal Crousel, Paris, 2007

2006

Anri Sala, *Jemeel Moondoc*, Langspielplatte /
long-play record, Galerie Chantal Crousel,
Paris 2006

Mark Godfrey, Hans Ulrich Obrist und /
and Liam Gillick, *Anri Sala*, in der Reihe /
in the series Contemporary Artists,
Phaidon Press, London 2006

Milada Slizinska (Hrsg. / ed.), *Anri Sala*,
Ausst.-Kat. / exh. cat. Centre for
Contemporary Art Ujazdowski Castle,
Warschau / Warsaw 2006

2004

Anri Sala. Now I See, Ausst.-Broschüre /
exh. brochure Art Institute of Chicago, 2004

Anri Sala. When the Night Calls it a Day,
Ausst.-Kat. / exh. cat. Musée d'art moderne
de la Ville de Paris/ARC, Deichtorhallen
Hamburg; Verlag der Buchhandlung Walther
König, Köln / Cologne 2004

Anri Sala. Why Is Colour Better Than Grey,
CCA Artist Book Series, Ausst-Kat. / exh.
cat. CCA Center for Contemporary Art,
Kitakyushu 2004

2003

Anri Sala, Ausst.-Kat. / exh. cat. Kunsthalle
Wien, Wien / Vienna 2003

Anri Sala, *"A Thousand Windows" – "The World
of the Insane"*, Verlag der Buchhandlung
Walther König, Köln / Cologne 2003

2000

Anri Sala, Ausst-Kat. / exh. cat. De Appel
Foundation, Amsterdam 2000

Anri Sala, Ausst.-Kat. / exh. cat. Media-City
Seoul 2000, Seoul Metropolitan Museum,
Seoul 2000

Sabine Brantl

Sabine Brantl ist Historikerin. Nach ihrem Studium in München und Wien leitet sie seit 2005 das Historische Archiv im Haus der Kunst, wo sie seit 2014 als Kuratorin tätig ist. Sie co-kuratierte unter anderem die Ausstellung *Geschichten im Konflikt. Das Haus der Kunst und der ideologische Gebrauch von Kunst 1937–1955* (2012) und ist verantwortlich für die Archiv Galerie, einen permanenten Ausstellungsraum zur Geschichte des Haus der Kunst (seit 2014). 2007 veröffentlichte sie die Monografie *Haus der Kunst, München. Ein Ort und seine Geschichte im Nationalsozialismus.*

Sabine Brantl is a historian. She studied in Munich and Vienna, and has headed the historical archive at Haus der Kunst since 2005. Since 2014, she has worked there as a curator. Brantl has co-curated exhibitions including *Histories in Conflict: Haus der Kunst and the Ideological Use of Art 1937–1955* (2012), and is responsible for the Archive Gallery, a permanent exhibition space dedicated to the history of Haus der Kunst (since 2014). In 2007, she published the monograph *Haus der Kunst, Munich: A Place and Its History under National Socialism.*

Patrizia Dander

Patrizia Dander studierte Psychologie in Eichstätt, Mailand und Bonn. 2006 gründete sie mit Akiko Bernhöft den Ausstellungsraum white light, in dem sie unter anderem Ausstellungen von Jimmy Robert, Kathrin Sonntag und Cezary Bodzianowski realisierten. 2007 ging sie als Assistenzkuratorin ans Haus der Kunst, wo sie seit 2010 als Kuratorin tätig ist. Dort hat sie verschiedene thematische Ausstellungen co-kuratiert wie *Goldene Zeiten* (2010), *Skulpturales Handeln* (2011) sowie *BILD-GEGEN-BILD* (2012). 2013 kuratierte sie die Retrospektive *Ivan Kožarić. Freiheit ist ein seltener Vogel.* Für 2015 bereitet sie Einzelausstellungen von Mark Leckey und Adele Röder vor.

Patrizia Dander studied psychology in Eichstätt, Milan, and Bonn. In 2006, together with Akiko Bernhöft, she co-founded white light, a nonprofit exhibition space

in Düsseldorf, and presented exhibitions with artists such as Jimmy Robert, Kathrin Sonntag, and Cezary Bodzianowski. She joined Haus der Kunst as an assistant curator in 2007 and has worked there as a curator since 2010. She has co-curated various thematic exhibitions, including *Golden Times* (2010), *Sculptural Acts* (2011), and *Image Counter Image* (2012). In 2013, she curated the retrospective *Ivan Kožarić: Freedom Is a Rare Bird.* For 2015, she is preparing solo exhibitions with Mark Leckey and Adele Röder.

Peter Szendy

Peter Szendy ist Professor für Philosophie an der Université Paris Ouest Nanterre La Défense und musikologischer Berater für die Konzertreihe an der Cité de la musique in Paris. Von 1998 bis 2005 unterrichtete er am Lehrstuhl für Musik an der Université de Strasbourg und war Gastprofessor in Princeton und an der Brown University. Zudem war er Senior Editor der Publikationen des Ircam (Institut de recherche et coordination acoustique/musique). Zu den zahlreichen Veröffentlichungen Szendys zählen: *A Coups de points. La ponctuation comme expérience* (2013), *Sur écoute. Esthétique de l'espionnage* (2007), *Listen: A History of Our Ears* (2007) und *Membres fantômes. Des corps musiciens* (2002).

Peter Szendy is professor of philosophy at the University of Paris Ouest Nanterre La Défense and musicological advisor for the concert programs at the Cité de la Musique in Paris. He taught in the music department at the University of Strasbourg from 1998 to 2005 and has also been a visiting professor at Princeton and Brown. He has been the senior editor of the journal and book series published by Ircam (Institut de recherche et coordination acoustique/musique). He is the author of *A Coups de points: La ponctuation comme expérience* (2013), *Listen: A History of Our Ears* (2007), *Sur écoute: Esthétique de l'espionnage* (2007), and *Membres fantômes: Des corps musiciens* (2002).

The Present Moment, 2014
(in D)
1-Kanal-HD-Video und
19-Kanal-Soundinstallation
28'30"

Basierend auf *Verklärte Nacht* (op. 4)
von Arnold Schönberg
Mit dem Münchener Kammerorchester
und Alexander Liebreich
Daniel Giglberger, Max Peter Meis,
Kelvin Hawthorne, Nancy Sullivan, Bridget
MacRae und Peter Bachmann
Sounddesign: Olivier Goinard

In Auftrag gegeben und produziert vom
Haus der Kunst für DER ÖFFENTLICHKEIT –
VON DEN FREUNDEN HAUS DER KUNST,
ermöglicht mit der großzügigen Unterstützung
von den Freunden Haus der Kunst
Co-produziert von Galerie Chantal Crousel,
Paris, Marian Goodman Gallery, New York,
und Hauser & Wirth

Stationen *A*, *B* und *T*: aufgenommen
in den Bavaria Musikstudios, München,
am 28. Juni, 2., 6. und 7. Juli 2014
Station *D*: aufgezeichnet und aufgenommen
im Haus der Kunst, München, am 29. und
30. Juni sowie am 1. und 3. Juli 2014

Koordination Musiker: Florian Ganslmeier,
Geschäftsführung MKO, und Anselm
Cybinski, Konzertplanung MKO
Musikalische Beratung: Alexander
Liebreich, künstlerischer Leiter MKO
Musikalische Betreuung (für die Stationen
A, *B* und *D*): Bernhard Jestl
Dirigent (für die Station *T*):
Alexander Liebreich
Zusätzliche Musiker (für die Station *T*):
Kosuke Yoshikawa, Eygló Dóra Davidsdóttir,
Stefan Berg-Dalprá, Iro Rajakoski,
Michael Weiss, Benedikt Jira
Aufnahmeleitung (für die Stationen *A* und *B*):
Robert F. Schneider
Entwicklung zusätzlicher Partituren
auf der Grundlage von *Verklärte Nacht*:
Anri Sala und Olivier Goinard
Arrangement Partituren: Johannes Steinbüchler
Sampling: Michael Heilrath
Gestaltung Partituren: Quentin Walesch

Produktion: Sylvie Barthet & UNIMAGE
Produktionsleiterin: Violaine Gillibert
Administrator: Lucinda Thuiller
Aufnahmeleiter: Olivier Lentz
Regieassistentin: Delphine Heude
Kameramann: Patrick Ghiringhelli
Kameraassistent: Lazare Pedron
Data Wranglers: Philip Wittkampf,
Miriam Metzger
Standfotograf: David Friedmann
Colorist: Manuel Coutant
Assistenzcolorist: Erwan Le Quéré
Aufnahmetonmeister: Michael Hinreiner
Studioassistent: René Kampka
Maske: Nadine Hermann, Romy Krause
Cutter: George Cragg
Schnittassistenz: Ronan Tronchot
Tonschnitt: Olivier Goinard
Tonmischung: Olivier Goinard
Oberbeleuchter: Thorsten Baier
Beleuchter: Florian Czernak
Kamerabühne: Domenik Hoffmann
Dolly: Simon Arevalo
Baubühne: Nico Szabo, Kathi Ziegler
Leiter Postproduktion: Anthony Lestremeau
Postproduzentin: Célia Simonnet

Kameraverleih: ARRI Rental Deutschland
GmbH
Lichtverleih: TMT Film- und
TV-Produktions-Service GmbH
Soundequipment und Tonstudio:
Bavaria Musikstudios
Postproduktion: MOTION PARTNERS
Schnitt: UNIMAGE
Tonschnitt: POLY SON Post Production
Production Service: Pick Up Film GmbH /
Alfred Hürmer

Courtesy of Galerie Chantal Crousel, Paris,
Marian Goodman Gallery, New York, und
Hauser & Wirth

© Anri Sala 2014

The Present Moment, 2014
(in D)
Single-channel HD video and
19-channel sound installation
28'30"

Based on *Verklärte Nacht* (Op. 4)
by Arnold Schoenberg
With the Münchener Kammerorchester
and Alexander Liebreich
Daniel Giglberger, Max Peter Meis,
Kelvin Hawthorne, Nancy Sullivan,
Bridget MacRae, and Peter Bachmann
Sound design: Olivier Goinard

Commissioned and produced by
Haus der Kunst for DER ÖFFENTLICHKEIT –
VON DEN FREUNDEN HAUS DER KUNST,
and made possible by the generous
funding of the Friends of Haus der Kunst
Coproduced by Galerie Chantal Crousel, Paris;
Marian Goodman Gallery, New York; and
Hauser & Wirth

Positions *A*, *B*, and *T*: Recorded at Bavaria
Musikstudios, Munich, on June 28 and
July 2, 6, 7, 2014.
Position *D*: Filmed and recorded at
Haus der Kunst, Munich, on June 29, 30
and July 1, 3, 2014

Musician coordination: Florian Ganslmeier,
managing director MKO, and Anselm
Cybinski, artistic planning MKO
Music consulting: Alexander Liebreich,
artistic director MKO
Music supervision (for positions *A*, *B*, and *D*):
Bernhard Jestl
Conductor (for position *T*):
Alexander Liebreich
Additional musicians (for position *T*):
Kosuke Yoshikawa, Eygló Dóra Davidsdóttir,
Stefan Berg-Dalprá, Iro Rajakoski, Michael
Weiss, Benedikt Jira
Music producer (for positions *A* and *B*):
Robert F. Schneider
Additional scores developed from *Verklärte
Nacht*: Anri Sala and Olivier Goinard
Score arrangement: Johannes Steinbüchler
Sampling: Michael Heilrath
Score layout: Quentin Walesch

Production: Sylvie Barthet & UNIMAGE
Production manager: Violaine Gillibert
Administrator: Lucinda Thuiller
Unit manager: Olivier Lentz
First assistant director: Delphine Heude
Director of photography: Patrick Ghiringhelli
First focus puller: Lazare Pedron
Data managers: Philip Wittkampf,
Miriam Metzger
Still photographer: David Friedmann
Colorist: Manuel Coutant
Assistant colorist: Erwan Le Quéré
Sound recordist: Michael Hinreiner
Sound assistant: René Kampka
Makeup artists: Nadine Hermann,
Romy Krause
Editor: George Cragg
Assistant editor: Ronan Tronchot
Sound editor: Olivier Goinard
Mixer: Olivier Goinard
Gaffer: Thorsten Baier
Electrician: Florian Czernak
Key grip: Domenik Hoffmann
Grip: Simon Arevalo
Swing gang: Nico Szabo, Kathi Ziegler
Postproduction supervisor:
Anthony Lestremeau
Post producer: Célia Simonnet

Camera, grip equipment:
ARRI Rental Deutschland GmbH
Light equipment: TMT Film-
and TV-Produktions-Service GmbH
Sound equipment and recording studio:
Bavaria Musikstudios
Postproduction: MOTION PARTNERS
Editing: UNIMAGE
Sound editing: POLY SON Post Production
Production service company:
Pick Up Film GmbH / Alfred Hürmer

Courtesy of Galerie Chantal Crousel, Paris;
Marian Goodman Gallery, New York;
and Hauser & Wirth

© Anri Sala 2014

Wo nicht anders angegeben, alle Arbeiten /
unless otherwise stated, all works:
© Anri Sala

S. / pp. 18–31
The Present Moment, 2014
(in D)
1-Kanal-HD-Video- und 19-Kanal-
Soundinstallation / Single-channel HD
video and 19-channel sound installation
28'30"
Courtesy of Galerie Chantal Crousel, Paris;
Marian Goodman Gallery, New York;
Hauser & Wirth

Installationsansichten / Installation views,
DER ÖFFENTLICHKEIT – VON DEN FREUNDEN
HAUS DER KUNST, Haus der Kunst,
München / Munich, 2014
Fotos / Photos © Jens Weber,
München / Munich

S. / p. 32
Skizze für die Lautsprecher-Anordnung in den
Boxenhalbkreisen / Sketch for the semicircular
loudspeaker arrangement
Filzstift auf Papier / Felt-tip pen on paper
29,7 × 21 cm

S. / p. 36
Mixed Behaviour, 2003
1-Kanal-Video und Stereo-Sound /
Single-channel video and stereo sound
8'19"
Courtesy of Hauser & Wirth; Galerie Chantal
Crousel, Paris; Marian Goodman Gallery,
New York; Johnen Galerie, Berlin; Galerie
Rüdiger Schöttle, München / Munich

Installationsansicht / Installation view,
Entre chien et loup, ARC/Musée d'Art moderne
de la ville de Paris, Couvent des Cordeliers,
Paris, 2004

S. / p. 39
Answer Me, 2008
1-Kanal-HD-Video und discrete 2.1-Sound /
Single-channel HD video and discrete
2.1 sound
4'51"

Video stills
Courtesy of Marian Goodman Gallery, New
York; Hauser & Wirth; Johnen Galerie, Berlin;
Galerie Chantal Crousel, Paris

S. / p. 46
Intervista, 1998
1-Kanal-Video und Stereo-Sound /
Single-channel video and stereo sound
26"

Video stills
Courtesy of Ideal Audience International,
Paris; Galerie Chantal Crousel, Paris;
Johnen Galerie, Berlin; Galerie Rüdiger
Schöttle, München / Munich

S. / p. 49
Ravel, Ravel, 2013
2-Kanal-HD-Video- und 16-Kanal-
Soundinstallation / Two-channel HD
video and 16-channel sound installation
20'45"
Courtesy of Galerie Chantal Crousel, Paris;
Marian Goodman Gallery, New York;
Hauser & Wirth

Installationsansichten *Ravel Ravel Unravel*,
Französischer Pavillon, 55. Biennale
von Venedig, 2013 / Installation views,
Ravel Ravel Unravel, French Pavilion,
55th Venice Biennale, 2013
Fotos / Photos © Marc Domage

S. / p. 54
Unbekannter Künstler / Unknown artist
Gefundene Zeichnung eines Ohres /
Found drawing of an ear
Courtesy of Peter Szendy

S. / p. 57
Räumliche Anordnung der Lautsprecher
und Projektion von *The Present Moment (in D)*
im Haus der Kunst / Layout of speakers
and projection of *The Present Moment (in D)*
at Haus der Kunst

S. / p. 60
Takte 33 und 34 aus *Verklärte Nacht* (op. 4),
Streichsextett von Arnold Schönberg /
Bars 33 and 34 from *Verklärte Nacht* (Op. 4),
string sextet by Arnold Schoenberg
© 1899 Dreililien-Verlag Richard Birnbach

S. / pp. 61–63
Takte 33 und 34 aus den zusätzlichen
Partituren, entwickelt auf der Grundlage
von *Verklärte Nacht* (op. 4) / Bars 33 and
34 from the additional scores developed
from *Verklärte Nacht* (Op. 4)
Courtesy of Anri Sala and Olivier Goinard

S. / p. 68
Manifestations of Motion and Affect, 2014
Serie von 5 Zeichnungen / Series of 5 drawings
Bleistift und Radiergummi auf Papier /
Pencil and eraser on paper
42 × 29,7 cm
Courtesy of Galerie Chantal Crousel, Paris

Foto / Photo © Stefan Altenburger
Photography Zurich

S. / pp. 72–75
Beschreibung der vier Phasen von *The Present
Moment (in D)* / Description of the four phases
of *The Present Moment (in D)*

S. / p. 80
Zeichnung der Lüsterkombination mit
Lautsprecher in der „Ehrenhalle", 1937 /
Drawing for chandelier equipped with
speakers in the "Ehrenhalle", 1937
© Haus der Kunst, Historisches Archiv

S. / p. 84
Lüsterkombination mit Lautsprecher für die
„Ehrenhalle". Entwurf: Leonhard Gall, 1937 /
Chandeliers equipped with speakers for the
"Ehrenhalle". Design: Leonhard Gall, 1937
© Haus der Kunst, Historisches Archiv

Wir danken allen Inhabern von
Bildnutzungsrechten für die freundliche
Genehmigung der Veröffentlichung. Sollte
trotz intensiver Recherche ein Rechteinhaber
nicht berücksichtigt worden sein, so werden
berechtigte Ansprüche im Rahmen der
üblichen Vereinbarungen abgegolten. /
We thank all copyright owners for their
kind permission to reproduce their material.
Should, despite our intensive research any
person entitled to rights have been
overlooked, legitimate claims shall be
compensated within the usual provisions.

DANK / ACKNOWLEDGMENTS

Anri Sala möchte den Partnern und
Co-Produzenten, ohne die dieses Projekt
nicht möglich gewesen wäre, seinen herzlichen
Dank aussprechen:

Anri Sala would like to express his utmost
gratitude to the partners and coproducers
without whom this project would not have
been possible:

Haus der Kunst, München: Patrizia Dander,
Okwui Enwezor und Ulrich Wilmes

Haus der Kunst, Munich: Patrizia Dander,
Okwui Enwezor, and Ulrich Wilmes;

Münchener Kammerorchester und
Alexander Liebreich; Florian Ganslmeier
und Anselm Cybinski

The Münchener Kammerorchester and
Alexander Liebreich; Florian Ganslmeier
and Anselm Cybinski;

Galerie Chantal Crousel, Paris: Chantal
Crousel, Niklas Svennung, Célia Cretien
Marian Goodman Gallery, New York: Marian
Goodman, Karina Daskalov
Hauser & Wirth: Iwan Wirth, Florian Berktold,
Nathalie Brambilla, Rowena Chiu

Galerie Chantal Crousel, Paris: Chantal
Crousel, Niklas Svennung, Célia Cretien;
Marian Goodman Gallery, New York: Marian
Goodman, Karina Daskalov;
Hauser & Wirth: Iwan Wirth, Florian Berktold,
Nathalie Brambilla, Rowena Chiu.

Weiterhin möchte er all jenen Personen
danken, die mit ihrem Einsatz, ihrem Können
und ihrem Wohlwollen zur Realisierung
des Projekts beigetragen haben:

Furthermore, he would like to most sincerely
thank all those who contributed, with their
commitment, their ability, and their goodwill,
to this project's realization:

George Cragg, Bernhard Jestl, Robert F.
Schneider, Lewin Quehl und Alexa Kreissl
Tina Koehler, Anton Koettl, Tim Wolff und
dem Installationsteam im Haus der Kunst

George Cragg, Bernhard Jestl, Robert F.
Schneider, Lewin Quehl, and Alexa Kreissl;
Tina Koehler, Anton Koettl, Tim Wolff,
and the installation team at Haus der Kunst;

Rosario Nadal, Johannes Steinbüchler,
Christopher Huynh, Vjollca Agolli,
Mischa Meyer und Annemarie Moorcroft.

Rosario Nadal, Johannes Steinbüchler,
Christopher Huynh, Vjollca Agolli,
Mischa Meyer, and Annemarie Moorcroft.

Sein tiefster Dank gilt Peter Bachmann,
Daniel Giglberger, Kelvin Hawthorne,
Bridget MacRae, Max Peter Meis und
Nancy Sullivan für ihre unschätzbaren
Beiträge und pointierten Darbietungen

Finally, he would like to express his
deepest gratitude to Peter Bachmann,
Daniel Giglberger, Kelvin Hawthorne,
Bridget MacRae, Max Peter Meis, and
Nancy Sullivan for their invaluable
contributions and incisive performances;

sowie Olivier Goinard, Patrick Ghiringhelli,
Liria Begeja und Sylvie Barthet für die
einfühlsame Zusammenarbeit und
unermüdliche Unterstützung.

and especially Olivier Goinard, Patrick
Ghiringhelli, Liria Begeja, and Sylvie Barthet
for their insightful collaboration and
unfailing support.

Diese Publikation erscheint anlässlich
der Ausstellung / This catalog is published
on the occasion of the exhibition

Anri Sala. The Present Moment

In der Reihe / In the series:
DER ÖFFENTLICHKEIT –
VON DEN FREUNDEN HAUS DER KUNST
Haus der Kunst
18.10.2014 – 20.9.2015

© 2015 Anri Sala, Stiftung Haus der Kunst
München, gemeinnützige Betriebsgesellschaft
mbH, die Autoren / the authors, die
Fotografen / the photographers, und / and
Verlag der Buchhandlung Walther König, Köln
© VG Bild-Kunst, Bonn 2015 für die Werke
von / for the works by Anri Sala

Stiftung Haus der Kunst München,
gemeinnützige Betriebsgesellschaft mbH
Prinzregentenstr. 1
D-80538 München
Tel. +49 (0)89 21127 113
www.hausderkunst.de

HAUS DER KUNST

GESCHÄFTSFÜHRER / DIRECTOR
Okwui Enwezor

TEAM: Tina Anjou, Sabine Brantl, Daniela
Burkart, Sylvia Clasen, Arnulf von Dall'Armi,
Patrizia Dander, Martina Fischer, Elena
Heitsch, Tina Köhler, Anton Köttl, Isabella
Kredler, Teresa Lengl, Anne Leopold, Julienne
Lorz, Karin Mahr, Marco Graf von Matuschka,
Miro Palavra, Glenn Rossiter, Andrea Saul,
Cassandre Schmid, Anna Schüller, Sonja Teine,
Ulrich Wilmes

DER ÖFFENTLICHKEIT –
VON DEN FREUNDEN HAUS DER KUNST
In Auftrag gegeben durch das Haus der Kunst,
ermöglicht mit der großzügigen Unterstützung
von den Freunden Haus der Kunst /
Commissioned by Haus der Kunst and
made possible by the generous funding
of the Friends of Haus der Kunst

Mit zusätzlicher großzügiger Unterstützung
von / With the additional generous support
of Galerie Chantal Crousel, Paris, Marian
Goodman Gallery, New York, und / and
Hauser & Wirth

Technische Realisierung mit freundlicher
Unterstützung von / Technical realization
with the kind support of Meyer Sound

Wir danken unseren Gesellschaftern für die
jährliche Unterstützung des Programms /
We would like to thank our shareholders
for their annual support of the program:
Freistaat Bayern, Josef Schörghuber Stiftung,
Gesellschaft der Freunde Haus der Kunst e. V.

HERAUSGEBERIN / EDITOR
Patrizia Dander

LEKTORAT & KORREKTORAT /
COPYEDITING & PROOFREADING
Rita Forbes (Englisch / English),
Uta Hasekamp (Deutsch / German)

ÜBERSETZUNG / TRANSLATION
Will Bishop (Französisch–Englisch /
French–English), Helen Ferguson
(Deutsch–Englisch / German–English),
Markus Sedlaczek (Französisch–Deutsch /
French–German)

GESTALTUNG / DESIGN
Sara De Bondt studio

GESAMTPRODUKTION / PRODUCTION
Printmanagement Plitt, Oberhausen

ERSCHIENEN IM / PUBLISHED BY
Verlag der Buchhandlung Walther König, Köln
Ehrenstr. 4, 50672 Köln

Bibliografische Information der Deutschen
Nationalbibliothek:
Die Deutsche Nationalbibliothek
verzeichnet diese Publikation in der
Deutschen Nationalbibliografie;
detaillierte bibliografische Daten sind
über http://dnb.d-nb.de abrufbar.

Bibliographic information published
by the Deutsche Nationalbibliothek:
The Deutsche Nationalbibliothek
lists this publication in the Deutsche
Nationalbibliografie; detailed bibliographic
data are available on the Internet
at http://dnb.d-nb.de.

Gedruckt in Deutschland /
Printed in Germany

VERTRIEB / DISTRIBUTION:

Deutschland & Europa / Germany & Europe
Buchhandlung Walther König, Köln
Ehrenstr. 4, 50672 Köln
Fon +49 (0) 221 / 20 59 6-53
Fax +49 (0) 221 / 20 59 6-60
verlag@buchhandlung-walther-koenig.de

Großbritannien & Irland / UK & Ireland
Cornerhouse Publications
70 Oxford Street
GB–Manchester M1 5NH
Fon +44 (0) 161 200 15 03
Fax +44 (0) 161 200 15 04
publications@cornerhouse.org

Außerhalb Europas / Outside Europe
D.A.P. / Distributed Art Publishers, Inc.
155 6th Avenue, 2nd Floor
USA–New York, NY 10013
Fon +1 (0) 212 627 1999
Fax +1 (0) 212 627 9484
eleshowitz@dapinc.com

ISBN 978-3-86335-712-2